Duden

SMS Schnell-Merk-System

Abi
Englisch

Dudenverlag
Berlin

Inhaltsverzeichnis

1 Vokabeln

Wichtige Grundbegriffe

Synonyme *(synonyms)*: sinnverwandte Wörter mit gegenstandsbezogenen Bedeutungsunterschieden	a **big** house • a **large** sum • a **great** scientist • a **huge** problem • a **tall** building
Antonyme *(antonyms, opposites)*: Wörter gegensätzlicher Bedeutung	nervous ↔ calm • wealth ↔ poverty
False friends *(„falsche Freunde“)*: englische Wörter mit nur äußerer Ähnlichkeit zu deutschen „Partnern“	to become ≠ bekommen • to oversee ≠ übersehen
Komposita *(compounds)*: zusammengesetzte Wörter	gamekeeper • headache
Lehnwörter *(loan words)*: Wörter aus anderen Sprachen, die ins Englische übernommen wurden	pizza • kindergarten • karaoke
Akronyme *(acronyms)*: aus den Anfangsbuchstaben mehrerer Wörter gebildete Kurzwörter (Initialwörter)	laser • USA • UNESCO
Kollokation *(collocation)*: Wortverbindung: Manche Substantive werden nur in Verbindung mit bestimmten anderen Wörtern benutzt.	racial **segregation** • **separation** of powers • **division** of labour

Kontext *(context):* Zusammenhang, in dem ein Wort benutzt wird	theme • text • situation
Präfix *(prefix):* dem Wortstamm vorangestellte Vorsilbe, die die Bildung einer Ableitung mit neuer Bedeutung ermöglicht	**anti**thesis • **im**patient • **in**difference • to **post**pone
Suffix *(suffix):* dem Wortstamm angefügte Silbe	to differ → differ**ent** (adj.), differ**ence** (noun)
Denotation *(denotation, to denote):* Grundbedeutung eines Wortes	sun = Sonne
Konnotation *(connotation, to connote):* Nebenbedeutung, die mit einem Wort assoziiert wird	The word "sun" makes us think of **brightness** and **warmth**.
Redewendung *(idiom):* Kombination von Wörtern mit festgelegter Gesamtbedeutung (keine Wort-für-Wort-Übersetzung möglich)	to cut a long story short • to make ends meet • the early bird catches the worm
Präpositionale Wendung *(phrasal verb):* Kombination eines Verbs und einer Präposition zum Ausdruck einer besonderen Bedeutung	to be in for s.th. • to take after s.o. • to look after s.o. • to let s.o. in on s.th.
Sprachebene *(register):* situations- und themenbestimmte Wahl des Sprachausdrucks	formal English • neutral English • informal English • slang

1.1 Methoden der Wortschatzarbeit

Geschriebene oder gesprochene Wörter stellen die Grundbausteine von Sätzen und sprachlicher Kommunikation dar. Durch einen bestimmten Vorrat an Wörtern, durch deren Kombinationsmöglichkeiten sowie durch ihr Klangbild verfügt eine Sprache über eine Vielzahl von **Ausdrucksmöglichkeiten**. Mithilfe von gezielter Wortschatzarbeit und den Techniken der Wortbildung können diese Möglichkeiten verbessert und erweitert sowie unbekannte Vokabeln erschlossen werden.

Im Fremdsprachenunterricht wird der Wortschatz in seinen drei Teilaspekten vermittelt:

- Aussprache *(pronunciation)*
- Schreibung *(spelling)*
- Bedeutung und Anwendung *(meaning and usage)*

Das Erlernen einer Vokabel vollzieht sich nach P. Doyé in drei Phasen:

- Präsentation, Bewusstmachung der Bedeutung
- Üben der Aussprache, Schreibung und Bedeutung
- Einordnung in den Gesamtwortschatz

Anwendung und Bedeutung eines Wortes werden vom **Kontext** bestimmt. Als Satzbestandteile sind Wörter fast immer in einen thematischen oder situativen Kontext eingebettet: Für jede Situation hält die Sprache ein thematisch passendes und der Situation angemessenes Ausdrucksrepertoire bereit.

Um einen Ausdruck richtig anwenden zu können, ist es daher wichtig, sich neben der Bedeutung auch einzuprägen,

- welcher **Sprachebene** (↑S. 16) er angehört,
- ob er nur gepaart mit bestimmten anderen Verben oder Substantiven (**Kollokation**, ↑S. 6) verwendet wird,
- ob er Bestandteil einer **Redewendung** (*phrasal verb, idiom*, ↑S. 7) ist.

Zu jeder Vokabel sollte neben der Übersetzung ein **Beispielsatz** aufgeschrieben und gelernt werden, der einen typischen **Anwendungszusammenhang** für das neue Wort darstellt. Der Beispielsatz hilft als Gedächtnisstütze und veranschaulicht die Bedeutung des Wortes.

Methoden für die Vokabelübungsphase

Neue Vokabeln sammelt man in einer Vokabelkartei oder einem großformatigen Vokabelheft mit selbst eingerichteter Spalteneinteilung von ⅓ (Vokabel) zu ⅔ (Beispielsatz).

Organisation und Erweiterung des Gesamtwortschatzes

Um die Ausdrucksmöglichkeiten im Hinblick auf ein Thema zu vergrößern und zu festigen, kann man folgende Techniken des selbstständigen Vokabellernens anwenden:

Selbstständige Wortschatzarbeit: Nicht nur die vom Lehrer oder dem Lehrwerk präsentierten Vokabeln werden gelernt. Darüber hinaus empfiehlt es sich, auch diejenigen Vokabeln aufzuschreiben, zu ordnen und zu lernen, die sich während des Unterrichtsgesprächs als nützlich erwiesen haben. Auch der Lektüretext kann auf gebräuchliches Vokabular zu einem Thema hin durchsucht werden. So stellt man sich seinen individuellen Vokabelvorrat zu einem Unterrichtsthema zusammen.

Zusammenstellung von Wortfamilien *(word families):* Vom selben Wortstamm abgeleitete Verben, Substantive und Adjektive werden gesammelt.
Beispiele: cover → to cover s.th., a cover, a covering of, to discover, a discovery, to uncover, to recover from s.th., a recovery.

Zusammenstellung von Wortfeldern *(word fields):* Alle bedeutungsnahen Wörter, die einen bestimmten Begriff ausdrücken (**Synonyme**, *synonyms*), werden gesammelt. Zur Verdeutlichung der Bedeutungsunterschiede bietet sich gleichzeitig eine Anordnung der Wörter nach bestimmten Ordnungsprinzipien wie z. B. Intensität oder zeitliche Reihenfolge an, etwa zu dem Wortfeld *movement* eine Anordnung nach dem Tempo, das die Wörter jeweils ausdrücken.
Beispiel: to creep → to crawl → to loiter → to amble → to stroll → to walk → to march → to hurry → to run → to rush → to race → to fly

Aufstellung von Gegensatzpaaren: Die Suche nach den jeweiligen ***opposites*** ist eine hilfreiche Wiederholungsübung für Substantive, Adjektive und Verben.
Beispiele: wealth ↔ poverty, to conceal ↔ to uncover, to run ↔ to crawl, love ↔ hatred

Bildung thematischer Wortfelder *(topic webs):* Um sich eine Übersicht über das Vokabular zu einem bestimmten Thema zu verschaffen, bietet sich die mit der Mind-Map (↑S. 101) verwandte thematische Wortfeldbildung an. Sie berücksichtigt alle Wortarten. Von zwei bis drei zentralen Begriffen (z. B. *parents, children*) gehen Verzweigungen zu Verben oder Adjektiven ab, die mit den Oberbegriffen in Zusammenhang stehen. Es ist besonders sinnvoll, diese Technik am Ende einer Unterrichtsreihe bzw. vor einer Klausur anzuwenden. Sie hilft nicht nur, den Wortschatz zu erweitern und zu festigen, sondern lotet ein Thema auch inhaltlich in ersten Zügen aus. So lernt man gleichzeitig, *was* man zu einem Thema sagen möchte und *wie* man dies abwechslungsreich und unter Verwendung vieler unterschiedlicher Wörter tun kann.

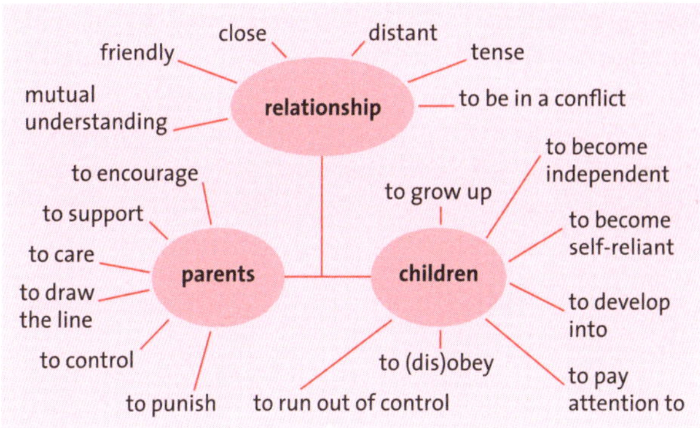

Möglichkeiten der Wortbildung

Unbekannte Wörter kann man sich u. a. erschließen, indem man betrachtet, wie sie (oft aus bekannten Wörtern und Wortteilen) gebildet wurden: Durch das Anfügen von Präfixen und Suffixen an den Wortstamm entstehen die verschiedenen Ableitungen eines Wortes, die zu einer Wortfamilie (↑S. 9) gehören.

Ableitungen mithilfe von Suffixen		
Suffix	**Wortart**	**Beispiel**
-ify, -ise, -ize	→ verb	qualification → to quali**fy** real → to reali**ze**
-ence, -ment, -tion/-sion	→ noun	to refer → refer**ence** to react → reac**tion**
-or, -er, -ess	→ noun	to sail → sail**or** to play → play**er** to succeed → succ**ess**
-ness, -ity	→ noun	lonely → loneli**ness** dense → dens**ity**
-able	→ adjective	to enjoy → enjoy**able**

Präfixe werden als zusätzliches Bedeutungselement dem Wortstamm vorangestellt und ändern so seine Bedeutung. Im Englischen werden z. B. folgende Präfixe lateinischen Ursprungs zur Wortbildung verwendet:

Ableitungen mithilfe von Präfixen

Präfix	Wortart	Beispiel
dis-, im-, in-, un-, ir-	nicht	**dis**agreement, **im**possible, **in**direct, **un**acceptable, **ir**responsible
anti-	gegen	**anti**thesis
post-	nach	**post**modern
pre-	vor, vor anderen	to **pre**pare
sub-	unter	**sub**way
trans-	über, hindurch	**trans**lation

Akronyme *(acronyms)*, Kurzwörter, werden aus den Anfangsbuchstaben der Wörter gebildet, für die sie verkürzend stehen, z. B. *WAP* für ***W**ireless **A**ccess **P**rotocol.*

Komposita *(compounds)* sind Wortneubildungen, die durch Zusammenfügen von zwei bereits existierenden Wörtern entstanden sind, z. B. *bottle bank* (Altglascontainer).

Wortkreuzungen *(portmanteau words)* entstehen durch die Verschmelzung von zwei Wörtern, sodass das neu entstandene Wort zwei Bedeutungen zugleich ausdrückt, z. B. *infotainment* (*information* und *entertainment*); *emoticon* (*emotion* und *icon*).

Lehnwörter *(loan words)* sind einer anderen Sprache entliehen worden. Sie gelangen als Bezeichnungen für Neuheiten des Alltagslebens oder den Sprachgebrauch von Einwanderern in die Sprache, z. B. *t'ai chi* für chinesische Bewegungsmeditation.

Wortbedeutung

Mehrdeutigkeit *(ambiguity)* ist die Bezeichnung für die Eigenschaft eines Wortes, Träger mehrerer Bedeutungen zu sein. Solche Wörter mit gleicher Aussprache und Schreibweise, jedoch abweichender Bedeutung, bezeichnet man als **Homonyme** *(homonyms)*. Die jeweils zutreffende Bedeutung erschließt sich durch den Sinnzusammenhang. Wörter mit mehreren Bedeutungen *(ambiguous words)* liefern die Pointe in Wortspielen *(puns)* und Witzen.

Wörter mit mehreren Bedeutungen

Bei Homonymen hilft der Kontext bei der Erschließung der jeweils verwendeten Bedeutung.

- **present:** the present situation *(gegenwärtig)*
  What present would you like? *(Geschenk)*
- **pipe:** He's smoking his pipe. *(Tabakspfeife)*
  The pipes are frozen. *(Leitung)*
  The pipe is a musical instrument. *(Blasinstrument)*
- **low:** Prices are low at the moment. *(niedrig)*
  He felt really low. *(niedergeschlagen)*
- **content:** She was content with her situation. *(zufrieden)*
  I don't like this book's content. *(Inhalt)*

Denotation *(denotation)* ist die Bezeichnung für die Grundbedeutung *(literal or explicit meaning)*, die jedes Wort besitzt. Die Grundbedeutung ist der Gegenstand, Sachverhalt oder die Person, auf die sich das Wort bezieht. Sie existiert unabhängig von der Absicht, die der Benutzer des Wortes mit ihm verbindet. Wörter wie *present* oder *low* sind Homonyme und besitzen also mehrere Grundbedeutungen.

Beispiele: The word "sun" means or denotes the centre of our solar system. The word "snow" denotes particles of frozen water.

Bedeutungsnuancen und Nebenbedeutungen

Eine Reihe von Wörtern verfügen neben der Grundbedeutung über Bedeutungsnuancen und Nebenbedeutungen:

- **Konnotation** *(connotation or implicit meaning):* die Bezeichnung für die Nebenbedeutung, die ein Wort in einem bestimmten Zusammenhang per Assoziation ausdrückt. Wörter können positive oder negative Konnotationen haben.
  Beispiel: The word "sun" connotes or makes us associate brightness and warmth *(= positive connotation)*. In other contexts its connotation is heat and drought *(= negative connotation)*.
  Wörter, die für negative Erscheinungen stehen, lösen negative Gefühle aus und geben dem Text eine negative Färbung.
  Beispiel: Words such as "darkness" and "emptiness" carry negative overtones.
- **bildhafte Bedeutung** *(figurative meaning):* Verwandt mit der Konnotation ist die bildhafte Bedeutung bestimmter Ausdrücke, wie Metaphern und Symbole (↑S. 51). Die Bedeutung von *prison* z. B. in *He escaped the prison of his marriage* ist nur im übertragenen Sinn als Bild für Enge und Unfreiheit zu verstehen.
- **abwertende Bedeutung** *(pejorative meaning):* Bestimmte Wörter haben von sich aus eine abwertende Bedeutung und wirken unhöflich oder sogar beleidigend. Hierzu zählen ***invective expressions*** (Beschimpfungen), z. B. *nigger, slut, son of a bitch,* und ***derogatory expressions*** (abwertende Ausdrücke), z. B. *bookish, Negro, nerd, kink, posh, girlie.*

False friends („falsche Freunde"): Bei einer Reihe englischer Wörter besteht in der Aussprache bzw. Schreibweise eine trügerische Ähnlichkeit mit bestimmten deutschen Ausdrücken. Doch hier ist Vorsicht geboten, denn hinsichtlich ihrer Bedeutung weichen die englischen und die deutschen Ausdrücke stark voneinander ab. Zum Beispiel bedeutet "actual" nicht

„aktuell“, sondern „tatsächlich“; das zutreffende englische Wort für „aktuell“ wäre dagegen “topical” oder auch “current”.

Britisches und amerikanisches Englisch

Diese beiden Sprachvarianten unterscheiden sich neben der Aussprache auch auf der Bedeutungsebene vieler Wörter. Teilweise benutzt man unterschiedliche Begriffe für den gleichen Gegenstand, z.B. *trunk* (AE) und *boot* (BE) für „Kofferraum“, oder das gleiche Wort hat eine unterschiedliche Bedeutung, z.B. *pants* (BE = „Unterhose“; AE = „Hose“).

Zusätzlich zu Aussprache und Wortschatz finden sich im britischen und amerikanischen Englisch auch Unterschiede in der Grammatik sowie in der Orthografie.

Orthografische Unterschiede:

- Im amerikanischen Englisch wird oft auf „u“ verzichtet, wenn es im britischen Englisch noch verwendet wird. Besonders trifft dies auf die britische Endung „-our“ zu.
  Beispiele: colour (BE) – color (AE), neighbour (BE) – neighbor (AE), dialogue (BE) – dialog (AE), to smoulder (BE, schwelen) – to smolder (AE)
- Eine Vereinfachung ist die Schreibung des britischen „-re“ als „-er“ im Amerikanischen.
  Beispiele: centre (BE) – center (AE), theatre (BE) – theater (AE), (parking) metre (BE) – meter (AE)
- Statt „-ise“, „-isation“ schreibt man in den USA eher „-ize“, „-ization“. Beide Schreibweisen finden sich aber auch im britischen Englisch.
  Beispiele: recognise (BE) – recognize (AE und BE), colonialisation (BE) – colonialization (AE und BE)

1.2 Sprachebenen

Neben den Dialekten und dem individuellen Sprachstil unterscheidet man verschiedene **Sprachebenen** *(registers)*, deren Anwendung themen- und situationsabhängig ist, sowie zwischen **gesprochener** und **geschriebener Sprache** *(spoken and written English)*.

Situationsangemessenheit der Sprache

Die Situationsangemessenheit der Sprache ist eine der Grundvoraussetzungen für das Gelingen einer Kommunikation. Ausschlaggebend für die Wahl der richtigen Sprachebene ist die Art der Beziehung *(relationship)* zwischen den Kommunikationsteilnehmern. Die Sprache der mündlichen Konversation weist einen geringeren Grad an Formalität auf als die Schriftsprache.

Fachsprachen *(technical languages)*

Sprachformen verschiedener Berufszweige, z. B. der Medizin, der Naturwissenschaften oder des Sports, verfügen über ein Spezialvokabular *(technical terms)*, um Gegenstände ihres Fachbereiches zu benennen.
Beispiele: football – *forward pass,* chemistry – *formula,* medicine – *psychosomatic,* grammar – *ellipsis,* mathematics – *coordinate*

Formelle Sprachebene *(formal English)*

Formelles Englisch wird bevorzugt, wenn zwischen den Kommunikationspartnern nur eine offizielle sowie unpersönliche Beziehung besteht.
Beispiele: offizielle Ansprachen, geschäftliche Verhandlungen, Geschäftsbriefe, wissenschaftliche Abhandlungen, juristische Schriftstücke

Sprachliche Merkmale des *formal English* sind:
- Höflichkeitsfloskeln
- Fachsprache
- anspruchsvolles Vokabular *(difficult words)*
- komplexe Sätze

Hier kann man noch einmal zwischen gesprochener und geschriebener formeller Sprache unterscheiden.
- **written formal:** "Planning for energy scarcity will require a re-ordering of conventional priorities." (Foley/Nassim, *The Energy Question*)
- **spoken formal:** "I am sorry for causing a delay of the discussion. Please, accept my apologies."

Informelle Sprachebene *(informal English)*
Diese ist üblich, wenn die Kommunikationspartner in einer distanzlosen und vertrauten Beziehung zueinander stehen, z. B. in der Familie, unter Freunden und Arbeitskollegen. Private Briefe, aber auch unhöfliche Ausdrucksformen, fallen in den informellen Bereich. Dazu gehören: einfaches Vokabular, einfache Satzstruktur, Kurzformen (z. B. *don't* statt *do not*), *informal expressions, slang words, idioms, phrasal verbs.*
Beispiel: "'Don't you just love Bach?' – 'It's not really my bag.'" (H. Kureishi, *The Buddha of Suburbia*)

Neutrale Sprachebene
Sie stellt die Sprache der gebildeten, höflichen Alltagskonversation ***(colloquial English)*** dar, die als Schriftsprache auch in seriösen Zeitschriften, Sachbüchern sowie in der modernen Erzählliteratur verwendet wird. Sie deutet auf eine entspanntere, private Situation hin. Sprachlich werden formelle und informelle Elemente vermischt.
Beispiel: "(…) the dissipations he'd be prone to" (H. Kureishi, *Gabriel's Gift*).

Verwendung von Sprachebenen

Mithilfe der verschiedenen Sprachebenen kann man ein und denselben Sachverhalt auf unterschiedliche, situationsgebundene Weise ausdrücken.

Sprachebenen im Englischen		
Formal English	**Neutral English**	**Informal English**
Thank you.	Thank you.	Thanks.
to participate	to take part in	to be one of the bunch
to contact s.o.	to phone/write to s.o.	to get onto s.o.
to deteriorate	to become worse	to go down the drain
hitherto	until now, up to now	till now
to depart	to leave	to be off
to deprecate	to disapprove of	to give s.o. the cold shoulder

Slang

Als Slang bezeichnet man die von einer bestimmten gesellschaftlichen oder Berufsgruppe geprägten Begriffe für Sachverhalte ihres Lebensbereichs (z. B. *teenage slang*).
Beispiele: Ta! (= Thank you!), I'll be buggered. (= What a surprise!), Let's shove off. (= Let's go.), He made a real prat of himself. (= a fool), He's a terrible dweeb. (= a clumsy person)

Slang liegt außerhalb der Standardsprache und ist nur im mündlichen, informellen Sprachgebrauch üblich. In der Literatur wird Slang vereinzelt aus gestalterischen Gründen und zur Schaffung der Realitätsnähe verwendet.

Slangbegriffe sind in der Regel sehr kurzlebig. Ausländische Sprecher sollten Slangwörter meiden, deren Aktualität oder eventuell anstößige Bedeutung sie nicht kennen.

1.3 Nützlicher Wortschatz

Folgende Ausdrücke und Wendungen sind nützlich, da sie sehr häufig verwendet werden:

ÜBERBLICK: Satzverknüpfungen *(sentence connectives)*

- zeitliche Ordnung:

at first, then, next, later, afterwards
as soon as *(sobald)*, at the same time, at the moment, as long as, no sooner than *(nicht bevor)*
recently *(vor Kurzem)*, lately *(neuerdings)*
at last, in the end, finally, eventually *(schließlich)*
while, during, since, for

- Begründung:

because, as *(da)*, for *(denn)*, therefore, for this reason
on account of *(wegen)*, due to *(wegen, aufgrund)*

- inhaltliche Anordnung:

to begin with, next, first of all, above all *(vor allem)*
first/firstly, secondly, thirdly
furthermore, in addition, moreover, what is more *(außerdem)*
at first sight *(auf den ersten Blick)*, on second thoughts *(bei näherem Hinsehen)*

- Vergleich:

likewise *(genauso)*, unlike *(im Gegensatz zu)*
on the one hand ..., on the other hand ... *(einerseits/andererseits)*, on the contrary *(im Gegenteil)*

- Bedingung:

if, unless *(wenn nicht)*, provided that *(unter der Bedingung)*

ÜBERBLICK: Satzverknüpfungen *(Forts.)*

- **Folgerung:**

thus, consequently *(also, daher)*, as a result *(folglich)*

- **Umformulierung:**

in other words, that is to say, that means

- **Bezugnahme:**

as to, as for, with regard to *(hinsichtlich)*, according to

- **Einschränkung:**

but, however *(jedoch)*, despite, in spite of *(trotz des/der)*, after all *(trotz allem)*
except for *(außer)*, apart from *(abgesehen von)*
although, though *(obwohl)*

ÜBERBLICK: Häufige Ausdrücke und Wendungen

- **attitudes:**

to consider/regard s.o./s.th. to be s.th. *(halten für, betrachten als)*
to be familiar with/used to s.th. *(vertraut sein mit)*
to be indifferent to *(gleichgültig sein)*
to discriminate against s.o. *(benachteiligen)*
to be prejudiced against s.o. *(Vorurteile haben)*
to be open-minded ↔ to be narrow-minded *(aufgeschlossen ↔ engstirning sein)*

- **aims:**

to aim at s.th./at doing s.th. *(abzielen auf, planen)*
to reach/achieve an aim *(ein Ziel erreichen)*
to achieve/accomplish s.th.; an achievement/accomplishment *(erreichen, vollbringen; Leistung, Erfolg)*

ÜBERBLICK: Häufige Ausdrücke und Wendungen *(Forts.)*

■ feelings:

to despair of s.b./s.th. *(verzweifeln)*
to be desperate/in despair *(verzweifelt sein)*
to trouble s.o. *(belasten)*
to be troubled *(besorgt sein, Probleme haben)*
to be anxious *(bemüht, besorgt, nervös sein)*
to have a clear ↔ a guilty conscience *(ein reines ↔ schlechtes Gewissen haben)*
to ease one's conscience *(sein Gewissen beruhigen)*
to suffer from pangs of conscience *(Gewissensbisse haben)*
to release one's feelings *(seinen Gefühlen freien Lauf lassen)*
to be relieved; relief of/from s.th. *(erleichtert sein; Erleichterung)*
to have pity on s.o. *(Mitleid haben)*
to drive s.o. out of his/her mind *(verrückt machen)*
to go out of/lose one's mind *(den Verstand verlieren)*
to lose one's temper *(wütend werden)*
to (not) mind/care doing s.th. *(ausmachen, stören)*

■ behaviour:

to act *(handeln, sich verhalten)*
to react to s.th. *(reagieren)*
to treat s.o. in a ... way *(behandeln)*
to do s.th. on purpose *(absichtlich tun)*
to carry out/perform a plan/an experiment/a project *(durchführen)*
to cope with a problem *(bewältigen)*
to solve a problem *(lösen)*
to have s.th. in common *(gemeinsam haben)*
to put an end to a conflict *(beenden)*
to find a solution to a conflict *(eine Lösung finden)*
reconciliation; to reconcile *(Versöhnung; sich versöhnen)*
an apology; to apologize *(Entschuldigung; sich entschuldigen)*
to make up for s.th. *(wieder gutmachen)*

ÜBERBLICK: Häufige Ausdrücke und Wendungen *(Forts.)*

- **influence:**

to make s.o. do s.th. *(veranlassen)*
to influence s.th. / to have an influence on *(beeinflussen)*
to exert influence on s.o. / s.th. *(Einfluss ausüben auf)*
to prevent s.o. from doing s.th. *(hindern)*
to persuade s.o. to do s.th. *(überreden)*
to convince s.o. of s.th. *(überzeugen)*
to change one's mind *(es sich anders überlegen)*
to change one's opinion *(seine Meinung ändern)*
to have an effect on *(Auswirkung haben)*
to appeal to s.o.'s feelings *(appellieren)*
to manipulate s.o. *(manipulieren)*
to provoke s.o. *(provozieren)*
to control s.th. ↔ to lose control of s.th. *(kontrollieren ↔ die Kontrolle verlieren)*
s.th. runs out of control *(außer Kontrolle geraten)*

- **having or lacking something:**

there is a need for s.th. *(Bedürfnis nach)*
to satisfy a need *(ein Bedürfnis befriedigen)*
to lack s.th.; the lack of *(nicht haben, fehlen; Mangel)*
a demand for s.th. *(Nachfrage)*
to provide / supply s.o. / s.th. with; the supply of *(versorgen, beliefern; Versorgung)*
to release information *(veröffentlichen)*
to be available *(erhältlich, verfügbar sein)*
to share s.th. *(miteinander teilen)*
to run out of s.th. *(nur noch wenig haben)*
to be short of; there is a shortage of *(fehlen; Mangel)*
to decrease; a decrease of *(sinken, vermindern; Nachlassen)*
to increase; an increase of *(zunehmen, anwachsen; Zunahme)*
to reduce to *(reduzieren)*
to raise s.th. *(anheben, erhöhen)*
to be underprivileged *(sozial benachteiligt sein)*

ÜBERBLICK: Häufige Ausdrücke und Wendungen *(Forts.)*

discussing an issue:

to be at issue *(zur Diskussion stehen)*
to weigh (up) the pros and cons *(das Pro und Kontra abwägen)*
to weigh the benefits against the risks *(den Nutzen gegen die Risiken abwägen)*
the advantage/disadvantage of *(Vorteil/Nachteil)*
to benefit from s.th. *(profitieren)*
to do harm to s.o./s.th. *(schädigen)*
to be harmful to s.o./s.th. *(schädlich sein für)*
there is no harm in doing s.th. *(es schadet nichts)*
to be in favour of s.th. ↔ to be opposed to s.th. *(zustimmen ↔ dagegen sein)*
to say s.th. in proof of s.th. *(zum Beweis anführen)*
to agree with s.o. about s.th. ↔ to disagree *((nicht) zustimmen)*
to contradict *(widersprechen)*

describing developments:

to develop into *(sich entwickeln)*
to check a development *(eine Entwicklung behindern)*
to develop freely/without restraint *(sich ungehindert entwickeln)*
past/present/future events *(vergangene/gegenwärtige/zukünftige Ereignisse)*
current events *(laufende, aktuelle Ereignisse)*
a recent development *(jüngste Entwicklung)*
an upcoming/forthcoming event *(bald stattfindendes Ereignis)*
to give an outlook of things to come *(Ausblick)*
chances/prospects/opportunities *(Aussichten)*
in the long run *(auf lange Sicht, langfristig)*
to undergo a change *(eine Veränderung durchmachen)*
to take a different turn *(sich anders entwickeln)*
to be ahead of s.o./s.th. *(vorne liegen, führen)*
to delay s.th. *(verzögern)*

Thema *(subject/theme)*

- the text is about/deals with/is concerned with *(handelt von, beschäftigt sich mit)*
- the title/heading hints at the theme *(weist hin auf)*/ suggests/indicates the subject matter *(deutet an)*
- the subject is introduced in *(wird vorgestellt)*
- the subject is developed in *(wird weiterentwickelt)*

Aufbau *(composition)*

- paragraphs *(gedruckte Seitenabschnitte)*, sense units *(Sinneinheiten)*, parts/divisions *(Teile)*, subdivisions *(Unterteilungen)*, sections *(Abschnitte)*
- a text falls into/can be divided into ... parts *(ist aufgeteilt in)*/is composed of/consists of ... parts *(besteht aus)*
- a theme/pattern runs throughout the text/poem/novel *(erscheint durch den gesamten Text hindurch)*
- the story/drama has an abrupt opening *(plötzlicher Anfang)*/an open ending *(offenes Ende)*
- to serve as a transition between two parts *(als Überleitung dienen)*
- at the beginning of the text/story *(am Textanfang)*
- at the end of the text/poem *(am Textende)*
- in the course of the action *(im Verlauf der Handlung)*

Stil *(style)*

- the text/article is written in a plain *(schlicht, einfach)*/ clear/factual/matter-of-fact/powerful/formal/ informal/casual *(locker)*/emotional style
- the writer creates/achieves a ... feeling/mood/tone by means of/through his use of a ... style

1

Wortwahl *(choice of words)*

- to use/to employ *(benutzen, einsetzen)*
- to use a word/an expression in the literal *(wörtlich)*/ figurative *(im übertragenen Sinn)*/pejorative *(abwertend)* sense
- a word implicitly means/expresses ...
- a word alludes to s.th./is an allusion to s.th. *(spielt auf etw. an)*
- to use technical terms from the field of ...
- to use neologisms ↔ outdated expressions

Satzbau *(syntax)*

- short and simple sentences ↔ long and complex sentences *(zusammengesetzte Sätze)*
- a lengthy coordinate sentence *(Parataxe)*
- to use syntactical parallelism
- to be identical in structure
- two sentences are parallel to each other
- to use inversion/anaphora/repetition
- words/sentences are arranged in a certain pattern

Wirkung *(effect)*

- a text has an effect on the reader/on the audience/appeals to the reader's feelings/imagination/strikes the reader by *(fällt auf)*/provokes the reader by *(provoziert)*
- a sentence stirs the reader's curiosity *(Neugier wecken)*
- the reader is able to identify with the situation/with a character
- to keep the reader in suspense *(im Ungewissen lassen)*
- to be exciting/thrilling *(spannend sein)*

2 Grammatik

Wichtige Grundbegriffe

Modale Hilfsverben *(modal auxiliaries)*: Hilfsverben zur Äußerung bestimmter Sprechabsichten, welche die Aussage eines Satzes verändern	can/could • may/might • must • need • should/ought to
Gerundium *(gerund)*: Form des Vollverbs, die im Satz wie ein Substantiv benutzt wird. Bildung: Infinitiv + *-ing*.	He likes **visiting** the museum. • She entered the room without **knocking**.
Partizip *(participle)*: Form des Vollverbs, die im Satz wie ein Adjektiv gebraucht wird. Partizip Präsens: Infinitiv + *-ing*; Partizip Perfekt *(regelmäßige Verben): -ed*.	He spends much of his time **doing** nothing. • He looked **confused**.
Zusammengesetzter Satz *(complex sentence)*: Satz aus einem Hauptsatz + mindestens einem weiteren Haupt- *(main clause)* oder Nebensatz *(sub-clause)*	Sometimes a dog barked, and the children who lived next door were scared.
Parataxe *(coordinate sentence)*: Satzreihe aus mindestens zwei einfachen Hauptsätzen	Luke laughed, and Anna danced for joy.
Hypotaxe *(compound sentence)*: Satzgefüge aus einem Hauptsatz und mindestens einem Nebensatz	I love ice cream because it tastes so good.

2.1 Wiederholung der wichtigsten Regeln

Pluralbildung der Substantive

Es gibt verschiedene Möglichkeiten, den Plural zu bilden:

Pluralbildung	**Beispiel**
Regelmäßige Pluralbildung	
Substantive bilden den Plural durch Anhängen von *-s* oder *-es*	part → part**s** bus → bus**es**
Unregelmäßige Pluralformen	
■ Steht vor *-y* am Wortende ein Konsonant, wird *-y* zu *-ies.*	stor**ies** ← story → stor**ies**
■ Einige Substantive bilden aus *-f* oder *-fe* am Wortende *-ves.*	life → li**ves** *Aber:* belief → belie**fs**
■ Die *o*-Endung wird bei einigen Substantiven zu *-oes* oder zu *-os.*	potato → potat**oes** *Aber:* photo → phot**os**
■ Einige Substantive haben besondere Pluralformen.	child → child**ren** (wo-)man → (wo-)**men**
■ Einige Lehnwörter aus dem Lateinischen oder Griechischen behalten ihre ursprüngliche Pluralform.	cris**is** → cris**es** phenomen**on** → phenomen**a**
■ Bei manchen zählbaren Substantiven sind die Singular- und die Pluralform identisch.	many **fish** a flock of **sheep**
Nicht zählbare Substantive	
Sie können keinen Plural bilden und nicht mit Zahlwörtern, *many* oder unbestimmten Artikeln verbunden werden. Durch Fügungen wie *a piece of, a slice of, some/any* macht man sie zählbar.	**a piece of** advice **a bit of** luck three news **items** **some** information

Artikel

Bestimmter Artikel *(definite article)*

Der bestimmte Artikel *the* **entfällt**

- bei Substantiven im Plural, abstrakten Substantiven, Stoff- und Gattungsbezeichnungen im allgemeinen Sinne,
- beim Zweck einer Institution.

Er wird **benötigt,**

- um ein näher bestimmtes Einzelbeispiel hervorzuheben und
- wenn das Gebäude einer Einrichtung gemeint ist.

Beispiel 1: I saw children playing – the children of the suburbs
Beispiel 2: life in Africa – the life which someone lives
Beispiel 3: a lack of water – the water from the hills
Beispiel 4: He was put into prison. – They entered the prison.

Der bestimmte Artikel folgt auf *all, both, half, double, twice,* wie z. B. in *all the time* (die ganze Zeit), *half the book* (das halbe Buch), *double/twice the amount* (die doppelte Menge).

Unbestimmter Artikel *(indefinite article)*

Anders als im Deutschen wird *a* oder *an* benutzt

- bei Angaben zu Nationalität und Religion,
- bei Berufen,
- bei nachgestellten Mengen- und Zeitangaben,
- nach *half, quite, such, what,*
- in bestimmten Redewendungen.

Beispiel 1: Tico is a Mexican and a Roman Catholic. He wants to become a doctor.

Beispiel 2: Rob works five days a week. His car runs 180 miles an hour.

Beispiel 3: This project was quite a success – what a surprise! How about celebrating our triumph, for a change *(zur Abwechslung).*

Mengenbezeichnungen

Mengenbezeichnungen	Beispiel
***Some* und *any* (einige)**	
Dies sind unbestimmte Mengenangaben. Sie können ein vorausgegangenes Substantiv ersetzen.	Can I have some rolls? Sorry, there aren't any left.
■ In bejahten Aussagesätzen verwendet man *some*.	Some brochures are new. They must be somewhere.
■ In (höflichen) Fragen wird *some* benutzt, wenn man eine positive Antwort erwartet.	Would you like some tea? Can I have some sweets?
■ In Fragen und verneinten Sätzen wird *any* gebraucht.	They didn't have any rolls. Has anything changed?
■ *Any* bedeutet auch „irgendein/jeder Beliebige".	Answer any question you choose.
Many, a lot of, much	
Many oder *a lot of* (viele) stehen bei zählbaren Substantiven; *much* oder *a lot of* (viel) bei nicht zählbaren Substantiven. Steigerung: *much/many, more, (the) most.*	many problems, many people, a lot of time much practise, a lot of patience most people
Sonstige Mengenangaben	
every = jeder (ohne Ausnahme) ***each*** = jeder einzelne (aus einer bestimmten Anzahl)	It's the same every day. Look at the trees; each of them has yellow leaves.
Bei zählbaren Substantiven stehen ***a few*** (ein paar)/***few*** (wenige). Steigerung: ***fewer, (the) fewest.***	He walked a few steps. Only few people came.
Bei nicht zählbaren Substantiven stehen ***a little*** (ein wenig)/***little*** (wenig). Steigerung: ***less, least.***	A little hope was left. less fun than last year the least important thing

2

Modale Hilfsverben

Um bestimmte **Sprechabsichten** formulieren zu können, werden Vollverben durch modale Hilfsverben *(modal verbs)* ergänzt. Diese drücken unterschiedliche **Grade der Möglichkeit, Gewissheit oder Verpflichtung** aus, mit der etwas geschieht. Da sie nicht alle Zeiten bilden können, werden sie durch bedeutungsnahe Ersatzverben *(substitutes)* ersetzt.

- Modale Hilfsverben werden in Fragen und Verneinungen nicht mit *do/did* umschrieben.
- Nach *he/she/it* haben sie keine *s*-Endung.

	Modales Hilfsverb	Ersatzverb
Fähigkeit	***can, could*** I can see the car over there. At your age I could swim faster.	***be able to*** Have you been able to sum up the chapter? In spite of all the difficulties he was able to solve the problem.
Erlaubnis	***can, may, could*** May I have a look? Can I use your bike?	***be allowed to*** They had been allowed to stay up late.
Verbot	***can't, may not, must not*** *(nicht dürfen),* ***don't*** You mustn't tease the dog. Don't drop the dishes!	***not to be allowed to*** They weren't allowed to swim. Dogs won't be allowed to enter.
Notwendigkeit	***must*** *(müssen),* ***need not*** *(nicht brauchen)* I must take a nap now. You needn't answer now.	***have to, not to have to*** He didn't have to leave at six. They have had to go to Italy before.

▶ Need – Vollverb oder Hilfsverb?

Need (müssen, brauchen) als Hilfsverb gibt es nur im *simple present* oder als *past form: We need to think again. You needn't help me. Need* (benötigen, erforderlich sein) als Vollverb kann alle Zeiten bilden und wird mit *do/did* umschrieben: *Do you need any help?*

2

Mithilfe der modalen Hilfsverben können folgende Sprechabsichten zum Ausdruck gebracht werden:

- **Wahrscheinlichkeit:** Hier verwendet man die Hilfsverben ***can, could, may*** (wird vielleicht), ***might*** (könnte vielleicht), ***might have*** (könnte vielleicht haben).
  Beispiele: He may/might still be waiting for you. They might have finished by now.
- **(moralische) Verpflichtung, Ratschlag:** Dies wird durch die Hilfsverben ***should/should have, ought to/ought to have*** (sollte/hätte sollen), ***had better/'d better*** + Infinitiv ohne *to* (es wäre besser, wenn …) ausgedrückt.
  Beispiele: You ought to apologize. He ought to have visited her. He shouldn't leave her. He had better leave her alone. *(Es wäre besser, wenn er sie in Ruhe ließe.)*
- **Anweisung, Vereinbarung:** Dafür benutzt man ***be to, be supposed to*** (sollen).
  Beispiele: We are to meet in the hall. You are supposed to clean up. *(du sollst = wie vereinbart)*
- **Gewohnheit:** In der Gegenwart verwendet man ***will,*** in der Vergangenheit ***would/used to do s.th*** (das deutsche „früher" wird durch die Wendung *used to* + Verb ausgedrückt).
  Beispiele: When he comes home, he will take the dog out first and then have a nap *(wie immer)*. He would find the paper on the table *(wie immer …)*.They used to live here. *(Sie lebten früher hier.)*

2.2 Verben

Verneinung und Bildung von Fragen

Bei Fragen oder Verneinungen im *simple present* und im *simple past* muss das Vollverb mit *do* umschrieben werden:

	Simple present	Simple past
Verneinung	I do not work. I don't work. He does not work. He doesn't work.	I did not work. I didn't work. He did not work. He didn't work.
Frage	When do you work? Why does he work?	Did you work? Did he work?

In den anderen Zeiten werden die Hilfsverben *have, will, would* und *be*, die Bestandteil der Zeitform sind, an den Anfang der Frage gestellt oder verneint:

Zeit	Verneinung	Frage
Present progressive	I'm not working. He isn't working.	Are you working? Is he working?
Past progressive	I wasn't working He wasn't working.	Were you working? Was he working?
Present perfect	I haven't worked. He hasn't worked.	Have you worked? Has he worked?
Past perfect	He hadn't worked.	Had he worked?
Will-future	He will not/won't work.	Will he work?
Conditional I	He wouldn't work.	Would he work?

Modale Hilfsverben werden nicht mit *do* oder *did* umschrieben, sondern an den Anfang der Frage gestellt oder verneint.
Beispiel: *May* I invite more than 20 people?

Handlungen in der Zukunft

Neben dem *will-future* und dem *going-to-future* gibt es noch andere Möglichkeiten, eine zukünftige Handlung auszudrücken:

- das ***simple present*** bei gesetzmäßigen und planmäßigen Handlungen in der Zukunft

  Beispiele: Snow melts when it is heated. The bus leaves at 10.55 a.m.
- das ***will-future*** bei vermutetem zukünftigen Geschehen, nicht beeinflussbaren Handlungen, spontanen Entschlüssen

  Beispiele: Oil will become cheaper. The bus won't arrive earlier. I think I will leave now.
- das ***going-to-future*** bei beabsichtigten Handlungen und sicher eintretenden Ereignissen

  Beispiele: I'm going to see the dentist. She is going to have a baby.
- das ***present progressive*** bei festen Vereinbarungen

  Beispiel: We're travelling to Sicily in summer.
- das ***future progressive*** beim Verlauf einer Handlung zu einem bestimmten Zeitpunkt, routinemäßigen Vorgängen, unabänderlichen Ereignissen

  Beispiele: I will be joining you this time next week. The doctor will be taking another blood sample. We won't be going out.
- ***be about to*** und ***be on the point of*** für Handlungen in der nahen Zukunft

  Beispiel: The event is about to start.
- ***be due to, be expected to, be intended to, be supposed to*** für erwartete Handlungen in der nahen Zukunft

  Beispiele: He is due to arrive any minute. *(Er soll …)* They are supposed to meet at the airport. *(Sie sollen …)*
- ***be bound to, be certain to, be sure to, be (un-)likely to*** für ein sehr wahrscheinliches Geschehen

  Beispiele: He is bound to succeed. He is certain to succeed.

Present tense group

Simple present

Gewohnheitsmäßige Handlung

He usually **gets up** at 6 o'clock.

Aufzählung

He **gets up**, **washes** and **fetches** the newspaper.

Gesetzmäßige und planmäßige Handlung

Frogs **breed** once a year.
The train **leaves** at 9 a.m.

Present progressive

Augenblickliche Handlung

I'**m** just **reading** his letter.

Abweichung von der Regel

He normally goes by bus, but today he **is riding** his bike.

Beschreibung einer Entwicklung

It'**s getting** warmer.

Geplante zukünftige Handlung

We'**re going** to Sicily in summer.

Past tense group

Simple past

Handlung in einem abgeschlossenen Zeitraum der Vergangenheit

He **left** two years ago.

Kürzere, aufeinanderfolgende Handlungen

When my friends **arrived**, I **put** on my coat and we **left** for the pub.

Past progressive

Vergangene Handlung, die zu einem bestimmten Zeitpunkt noch andauerte

What **was** he **doing**? – He was reading the paper.

Eine vergangene Handlung wird unterbrochen.

He **was** still **sleeping** when the alarm rang.

Future

Going-to-future

Es besteht eine Absicht.

I'**m going to see** the dentist.

Sicher eintretendes Ereignis

She'**s going to have** a baby.

Will-future

Es besteht eine Vermutung.

Prices **will drop** again next year.

Nicht beeinflussbare Handlung

They **will have** to cut down the tree.

Spontaner Entschluss

She's fed up with her job. She **will leave** the company.

Present perfect

Vergangene Handlung, die bis in die Gegenwart angedauert oder Auswirkungen gehabt hat

She **has** just **finished** her homework.

Vergangene Handlung, deren Zeitpunkt unbestimmt ist

I**'ve been** to Italy before.

Present perfect progressive

Handlung, die bis zum Augenblick noch andauert

I **have been looking** after the children since nine o'clock.

Past perfect

Eine Handlung liegt vor einem Zeitpunkt in der Vergangenheit und ist abgeschlossen.

They **had** already **gone** when I arrived.

Past perfect progressive

Der Verlauf einer Handlung, die vor einem Zeitpunkt in der Vergangenheit begann, aber noch nicht abgeschlossen war, wird betont.

They **had been living** quite peacefully in Vienna for some years when the war broke out.

Future perfect

Zukünftige Handlung, die zu einem bestimmten Zeitpunkt in der Zukunft abgeschlossen sein wird

The police **will have caught** the criminal by Monday next week.

Future progressive

Handlung, die zu einem bestimmten Zeitpunkt in der Zukunft noch andauern wird

The dog **will be waiting** for me when I get home.

Passiv

Das Passiv des Verbs drückt aus, was mit Dingen oder Personen geschieht. Es wird gebildet aus

- der Form von *to be*, die in die entsprechende Zeit gesetzt wird, z. B. *are (simple present)*,
- dem Partizip Perfekt des Verbs (= 3. Verbform), z. B. *carried.*

Bildung des Passivs in den Zeitformen		
Simple		
	Active	**Passive**
Present	They teach kids.	Kids are taught.
Past	They taught kids.	Kids were taught.
Future	They will teach kids.	Kids will be taught.
Progressive		
Present	They are teaching kids.	Kids are being taught.
Past	They were teaching kids.	Kids were being taught.
Future	They will be teaching kids.	Kids will be being taught.
Perfect		
Present	They have taught kids.	Kids have been taught.
Past	They had taught kids.	Kids had been taught.
Future	They will have taught kids.	Kids will have been taught.
Perfect Progressive		
Present	They have been teaching kids.	Kids have been being taught.
Past	They had been teaching kids.	Kids had been being taught.
Future	They will have been teaching kids.	Kids will have been being taught.

Besonderheiten des englischen Passivs

Einige englische Verben können, anders als ihre deutschen Entsprechungen, das **Passiv mit personenbezogenem Subjekt** bilden, z. B. *to allow, to follow, to give, to help, to intend, to join, to mean, to offer, to promise, to rely on, to show*. Im Deutschen ist nur ein Satz mit sachbezogenem Subjekt oder ein aktiver Satz mit „man" möglich.

Beispiele: The audience was allowed to enter. He can be relied on *(Man kann sich auf ihn verlassen.)*. He was offered a new job *(ihm wurde angeboten)*.

Anders als im Deutschen können auch **Verben des Denkens und Meinens** wie *to think, to know* und *to expect* das personenbezogene Passiv bilden. Auf die Passivkonstruktion folgt dann ein Infinitiv mit *to*.

Beispiele: He is known to have started the investigation. She was expected to become his successor.

Statt des personenbezogenen Passivs kann auch ein unpersönliches Passiv benutzt werden, auf das ein Nebensatz mit *that* folgt. Im Deutschen werden solche Formen mit Wendungen wie „Man geht davon aus, dass" oder „Es heißt, dass…" umschrieben.

Beispiele: It is known that he has started the investigation. It was expected that she became his successor.

Wird ein Verb, das mit einer Präposition oder mit einer präpositionalen Wendung verbunden ist (↑ S. 7 *phrasal verbs*), ins Passiv gesetzt, bleibt die **Präposition** direkt **hinter dem Verb**.

Beispiele: He took care of the cattle on the farm. → The cattle on the farm were taken care of. They arrived at a decision. → A decision was arrived at. She cannot rely on him. → He cannot be relied on.

2.3 Sätze

Wortstellung

Die Wortstellung *(word order)* S-V-O im Aussagesatz kann wie folgt erweitert werden:

Zeitangabe	Subjekt	Hilfsverb	Adverb	Verb
Next time	we	will	probably	take

Objekt	Ortsangabe	Angabe des Grundes
the long walk	to the campsite	for a change.

Die **Satzreihe** oder **Parataxe** besteht aus einfachen Hauptsätzen, die durch Kommas bzw. *coordinating conjunctions (and, or, but, nor, for)* verbunden sind.

Beispiele: I never found out, for I was too shy to ask. I heard a tune and a new idea entered my mind.

Das **Satzgefüge** oder die **Hypotaxe** besteht aus mindestens je einem Haupt- und einem Nebensatz. Diese sind durch Kommas oder *subordinating conjunctions* (z. B. *because, since, if, although*) verbunden.

Beispiel: He hasn't been in our team since he fell ill.

Der zusammengesetzte Satz
(complex sentence)

← **Satzreihe** *(coordinate sentence)*
↓
Hauptsatz + Hauptsatz *(coordinate clauses)*

→ **Satzgefüge** *(compound sentence)*
↓
Hauptsatz + Nebensatz *(main clause + sub-clause)*

Bedingungssätze

Bedingungssätze *(conditional sentences)* bestehen aus einem Nebensatz *(if-clause)*, der die Bedingung nennt, und einem Hauptsatz, der die Folgen beschreibt. Statt mit *if* kann der Nebensatz auch mit *only if, on condition that, provided that, supposing that* oder *unless* beginnen.

Es gibt drei Typen von Bedingungssätzen mit bestimmten Zeitenfolgen:

- **Typ 1: Reale Bedingung *(probable condition)*:** Die genannte Bedingung ist erfüllbar. Der Hauptsatz wird gebildet mit dem *will-future* oder einem modalen Hilfsverb + Vollverb; im Nebensatz steht *simple present.*
  Beispiele: If I get a day off, I'll fix my boat. We needn't water the plants if it rains.
  Auch andere Zeitenfolgen sind möglich.
  Beispiel: If Joe left at 2 o'clock, he'll be here soon.
- **Typ 2: Irreale Bedingung der Gegenwart *(improbable condition)*:** Die Bedingung ist nur angenommen, ihre Erfüllung unwahrscheinlich, jedoch nicht unmöglich. Im Hauptsatz steht *conditional I* oder modales Hilfsverb + Vollverb; im Nebensatz *simple past.*
  Beispiele: If we hurried, we might catch the train. They would be able to move if they found a new flat.
- **Typ 3: Irreale Bedingung der Vergangenheit *(impossible condition)*:** Der Bedingungssatz bezieht sich auf vergangenes Geschehen. Die Bedingung ist nicht mehr erfüllbar. Der Hauptsatz wird gebildet mit *conditional II;* im Nebensatz steht *past perfect.*
  Beispiel: If you hadn't made such a fuss, we would have finished by now.

Für Typ 2 und 3 gilt: Im *if*-Satz verwendet man nicht *would, might* und *could.*

Bei der Wiedergabe der direkten Rede ändern sich in der indirekten Rede *(reported speech)* häufig die Verbzeit, die Pronomen und die Orts-/Zeitangabe.

"I **will visit my** friends in Spain **next year**."

→ He said he **would visit his** friends **the following year**.

Verbzeit | Pronomen | Orts-/Zeitangabe

Verschiebung der Verbzeiten

Wenn das einleitende Verb im *simple past* oder *past perfect* steht, werden die Verbformen der direkten Rede um eine Zeitstufe in die Vergangenheit verschoben:

She said: "I **had** two apples a day." → She said that she **had had** two apples a day.

Direct speech		**Reported speech**
present tense	→	past tense
present perfect	→	past perfect
past tense	→	past perfect
past perfect	→	past perfect
going-to-future	→	*was/were going to*
will-future	→	*would*
may	→	*might*

Would, could, might, should, ought to bleiben unverändert.

Eine Verschiebung ist **nicht nötig**,

- wenn das einleitende Verb im *simple present, present perfect* oder *will-future* steht: "I **have** two apples a day," she says. → She says that she **has** two apples a day.
- wenn es sich um eine allgemeingültige Aussage handelt: "I **am** your father," he said. → He said that he **is** her father.

Anpassung der Orts- und Zeitangaben		Anpassung der Pronomen
here	→ there	Personal pronouns:
now	→ then, at that moment	I, you → he, she
		we, you → they
today	→ that day	
tomorrow	→ the next day	Possessive pronouns:
yesterday	→ the day before	my, your → his, her
two days ago	→ two days before	our, your → their
this week	→ that week	
next week/month/year	→ a week later, the following week/year	

Fragen

- Fragen in der indirekten Rede werden durch ein Fragewort und *if* bzw. *whether* eingeleitet:

  He asked: "Are you happy?" → He asked **if** she was happy.

- Das Verb wird in der indirekten Frage nicht mit *do* oder *did* umschrieben:

  He asked: "How many fish **did** you **catch**?" → He wanted to know how many fish I **had caught**.

Anweisungen, Bitten und Ratschläge

Die Redeabsicht des wiederzugebenden Satzes wird mit dem **einleitenden Verb** ausgedrückt. Die Tätigkeit, um die es geht, wird im **Infinitiv** ausgedrückt.

"Please, fill in the form." → He **asked** me **to fill** in the form.
"Don't be late again!" → Jim **told** us **not to be late** again.
"Simply don't answer the phone!" → The police **advised** her **not to answer** the phone.
"I won't touch alcohol anymore." → He **promised not to touch** alcohol anymore.

2.4 Häufige Fehlerquellen

Infinitiv

Neben dem Infinitiv Präsens *(to keep)* gibt es folgende Formen:

- Infinitiv Präsens Verlaufsform: ***to be*** + ***-ing***: *to be keeping*
- Infinitiv Perfekt Aktiv: ***to have*** + ***past participle***: *to have kept*
- Infinitiv Präsens Passiv: ***to be*** + ***past participle***: *to be kept*
- Infinitiv Perfekt Passiv: ***to have been*** + ***past participle***: *to have been kept*

Infinitiv ohne *to*

Nach Verben der **sinnlichen Wahrnehmung** *(to see, to hear, to feel, to watch, to notice)* kann der Infinitiv ohne *to* benutzt werden. Satzgefüge werden hierdurch verkürzt.
Beispiele: I heard them argue over money. She watched him open the safe.

Nach Verben des **Veranlassens** *(make s.o. do s.th.)* und **Zulassens** *(let s.o. do s.th.)* kann der Infinitiv ohne *to* statt eines Nebensatzes stehen.
Beispiele: She let her dogs run free. They made me eat the food I don't like.

Nach dem Adverb *better* in der Wendung ***had better do s.th.*** muss der Infinitiv ohne *to* stehen.
Beispiel: You'd better run. *(Es wäre besser, wenn …)*

Infinitiv mit *to*

Nach *there is/are* und *there was/were* mit auf die Zukunft gerichteter Bedeutung sowie bei *to blame* wird der Infinitiv mit *to* benutzt.
Beispiele: There were no games to play/to be played. Nobody is to blame for the disaster, it was just bad luck.

Der Infinitiv mit *to* kann einen Nebensatz ersetzen:

- bei **Fragewörtern** und ***whether*** (im Deutschen: indirekter Fragesatz)
  Beispiele: He couldn't remember which button to press *(welchen Knopf er drücken sollte).* She can't decide whether to invite the whole team.
- bei Bewertungen durch **Superlative, Zahlwörter und bestimmte Adjektive** (im Deutschen steht hier in der Regel ein Relativsatz)
  Beispiele: He is the latest member to join the club. It was the first spaceship to enter space. I was glad to meet him at the party.
- zum Ausdruck von **Ziel, Zweck** oder **Absicht** (im Deutschen: Finalsatz)
  Beispiele: She made a detour in order to avoid meeting him. Christine opened the window in order to let in some fresh air.
- nach ***for*** + **Substantiv** oder **Pronomen**, häufig durch *too* oder *enough* verstärkt
  Beispiele: These problems are too difficult for him to solve. It's time for me to start on a new job. The survivors had hoped for a ship to pass by.
- nach Verben des Wünschens, Veranlassens und Verursachens *(to advise, to allow, to ask, to cause, to encourage, to expect, to force, to help, to intend, to mean, to order, to persuade, to remind, to tell, to want, to warn)* in der Konstruktion **Verb + Objekt + Infinitiv mit *to***
  Beispiele: Her parents wanted her to go to college (Infinitiv Aktiv). I didn't mean to hurt you (Infinitiv Aktiv). I wanted the box to be opened (Infinitiv Passiv).
  Diese Struktur kann auch ins Passiv gesetzt werden.
  Beispiele: This heading is meant to surprise the reader. The alarm was intended to stop the performance. They were asked to leave to pub at once.

Gerundium

Das Gerundium *(gerund)* funktioniert im Satz wie ein Substantiv. Diese Formen können aus einem Vollverb gebildet werden:

	Aktiv	Passiv
Präsens	leaving	being left
Perfekt	having left	having been left

Das Gerundium kann im Satz durch ein Objekt oder eine Orts-/Zeitangabe ergänzt werden. Im Satz steht das Gerundium

- als Subjekt: ***Trimming** those bushes will help them grow,*
- als Objekt: *She prefers **writing** letters to **sending** e-mails,*
- als Verbergänzung: *His favourite activity is **gardening.***

Manche Verben besitzen unterschiedliche Bedeutung, je nachdem, ob Gerundium oder Infinitiv folgt:

Verben mit unterschiedlicher Bedeutung	
Gerundium	**Infinitiv**
to mean (bedeuten, zur Folge haben) It's freezing cold! This **means putting** on warmer clothes.	*to mean to (beabsichtigen/vorhaben)* She **means to walk** all the way back in spite of the rain.
to forget, to remember (vergangenes Ereignis) She **remembered closing** the window. *to try (ausprobieren)* **Try calling** another time!	*to forget to, to remember to (zukünftiges Ereignis)* Please, **remember to close** the window. *to try to (sich bemühen)* He **tried to run** faster.
to go on (mit etwas weitermachen) She **went on talking**.	*to go on to (mit etwas Neuem fortfahren)* He **went on to talk** about …

ÜBERBLICK: Fälle, in denen das Gerundium stehen muss

- **Präpositionen:**

about, by, for, from, in, in spite of, instead of, on, to, without
She surprised everyone by winning the contest. That goes without saying.

- **Verb + Präposition:**

to apologize for, to believe in, to complain about, to depend on, to end up, to get down to, to insist on, to look forward to
He complained about having been disturbed. I insist on starting now. He ended up losing his job.

- **Substantiv + Präposition:**

chance of, danger of, difficulty in, experience in, for fear of, objection to, opportunity of, pleasure in, reason for
There's no chance of winning. He gave up for fear of losing. Is there a reason for rioting?

- **Adjektiv + Präposition:**

afraid of, capable of, engaged in, familiar with, far from, fed up with, fond of, interested in, keen on, tired of, used to
I'm afraid of getting lost. Is he capable of negotiating better terms? He is fond of cycling.

- **Verb ohne Präposition:**

to admit, to avoid, to enjoy, to finish, to mind, to practise
He admits being undecided. He minds being interrupted.

- **Idiomatische Wendungen:**

there is no point (in), it is no use/useless/no good, it is worth (-while), to put an end to
There is no point denying. It's no use pretending. It's a place worth seeing. That put an end to drinking.

Partizip

Das Partizip *(participle)* funktioniert im Satz als Adjektiv oder zur Verkürzung von bestimmten Nebensätzen. Es kann aus jedem Vollverb gebildet werden.

- **Partizip Präsens** (mit aktivischer Bedeutung): *wash**ing***
- **Partizip Perfekt** (mit passivischer Bedeutung): *wash**ed***

Das Partizip Perfekt kann mit folgenden Formen vorzeitige Handlungen ausdrücken:

- **perfect participle active:** *having + past participle*
  Beispiel: Having washed her face she felt much better *(nachdem sie sich das Gesicht gewaschen hatte …).*
- **perfect participle passive:** *having been + past participle*
  Beispiel: Having been washed twice his shirt no longer looked new *(nachdem sein Hemd zweimal gewaschen worden war …).*

Nach Verben der sinnlichen Wahrnehmung wird statt des Infinitivs das Partizip Präsens benutzt, um den Verlauf der (oft etwas länger dauernden) Handlung zu betonen.
Beispiele: We heard them singing next door *(Aktiv)*. They watched their car being repaired *(Passiv)*. *(Sie sahen zu, wie ihr Auto repariert wurde.)*

Das Partizip Präsens folgt auch auf Verben der Ruhe und Bewegung *(to come, to go, to stand, to sit, to lie, to stay)* sowie nach *to keep, to find, to hold, to send.*
Beispiele: She lay in bed tossing and turning all night. They kept me laughing.

to have s.th. done drückt aus:

- „lassen, veranlassen“: I will *have my hair cut,*
- dass jemandem etwas zugefügt wurde: Bill *had his bike stolen.*

Partizip als verkürzter Relativsatz

Das um zusätzliche Informationen erweiterte Partizip kann nach dem Substantiv, auf das es sich bezieht, anstelle eines Relativsatzes stehen.

Beispiele: The woman *walking ahead* is my sister. (= The woman who is walking ahead …). I made a list of all the people *going to be invited to the party.* (= I made a list of all the people who were going to be invited …). She made copies of the photos *taken last summer.* (= She made copies of the photos which had been taken …).

2

Partizip als verkürzter adverbialer Nebensatz

Das erweiterte Partizip kann anstelle eines Bedingungssatzes oder kausalen, temporalen usw. Nebensatzes benutzt werden, wenn das Subjekt von Haupt- und Nebensatz identisch ist.

Beispiele: *Caught* in the act, the criminal can be arrested. (= If he is caught in the act …). *Hearing* a terrible crash, he ran to the window. (= Because he heard a terrible crash …). *Having finished* the book, she went to sleep. (= After she had finished the book …)

Partizip nach Konjunktionen

Nach Konjunktionen wie *after, before, when, while* oder *until* kann das Partizip anstelle eines temporalen Nebensatzes stehen.

Beispiele: After *talking* to her he felt much better. While *playing* the piano, she didn't hear the strange noise.

Partizip als Teil einer idiomatischen Wendung

Auf den gesamten nachfolgenden Satz beziehen sich die idiomatischen Wendungen *broadly/generally/roughly/strictly speaking, supposing that, taking s.th. into consideration.*

Beispiele: *Taking* all the facts *into consideration*, we will have to find a quick solution. *Generally speaking*, the Indians' standard of living has improved in recent years.

3 Textanalyse

Wichtige Grundbegriffe

Text: in sich abgeschlossene Reihe sprachlicher Zeichen, die in einer Kommunikation einen Bedeutungszusammenhang ergeben	literary text • non-fictional text • advertisement • political speech • poem • short story • letter
Kommunikative Struktur: kommunikativer Zweck, den ein Text für seinen Inhalt erfüllen soll; er bestimmt Sprache und Struktur des Textes	narrate • describe • explain • argue
Fiktionaler Text: literarischer Text; Text, der sich auf eine in sich abgeschlossene, erdachte Wirklichkeit bezieht	novel • short story • drama • poem
Nicht fiktionaler Text: Sachtext; Text, dessen Bezugsrahmen die Wirklichkeit ist	newspaper article • scientific text • advertisement
Prosa: literarische Texte und Sachtexte, die in ungebundener Sprache (ohne Reim und Versmaß) verfasst sind	novel • short story • essay
Lyrik: literarische Texte in (durch Versmaß und Reim) gebundener Sprache	ballad • sonnet

3.1 Besondere Textmerkmale und Stilmittel

Textmerkmale und Absicht des Autors

Aufbau und Sprache eines Textes sind in der Regel vom Autor bewusst zur Verdeutlichung der Textaussage gewählt. Sie liefern wichtige Hinweise zur Entschlüsselung von Aussage und Absicht eines Textes.

3

Bei der Textanalyse ist es wichtig, auf **sprachliche** und **strukturelle Auffälligkeiten** im Text zu achten. Sie treten je nach Textsorte mehr oder weniger häufig auf und dienen dem Autor dazu, die Aufmerksamkeit des Lesers zu steuern und das Anliegen des Textes zu verdeutlichen. Sie sind auf folgenden Ebenen eines Textes anzutreffen:

- **Klangebene** *(sound devices)*
- **Stilebene** *(stylistic devices)*: Wortwahl *(choice of words)*, Sprachfiguren *(figures of speech)*
- **Satzstruktur** *(sentence structure)*
- **Textstruktur** und **Anordnung** der Information *(structure, composition)*

Diese Auffälligkeiten erscheinen nach folgenden Prinzipien im Text; durch sie werden Dinge hervorgehoben und betont:

- **Wiederholung** (z. B. eines Wortes, einer Handlung)
- **Position** (Anfangs- oder Endstellung)
- **Kontrast** (zweier Begriffe oder Handlungen)
- **Parallelen** (etwa in der Stimmung oder der Satzstruktur)
- **Auslassung** (eines Wortes oder einer Information)
- **Kombination** von Unerwartetem/Unpassendem (Stilbruch, Ironie, Provokation)
- **Steigerung** (der Spannung oder Intensität)

Stilfiguren

Zu den Stilfiguren *(stylistic devices)* gehören die **Satzbaufiguren** und die **bildhaften Figuren.**

Satzbaufiguren ***(syntactical devices)***	**Beispiele**
accumulation (Häufung einer Wortart)	Enter the amazing, thrilling, breathtaking world of fantasy!
anaphora (Anapher; Wortwiederholung zur Hervorhebung am Satz- oder Zeilenanfang)	"In every cry of every man, In every infant's cry of fear, In every voice, in every ban" (W. Blake, *London*)
antithesis [æn'tɪθəsɪs] (Antithese; Gegenüberstellung zweier widersprüchlicher Begriffe)	"My words fly up, my thoughts remain below." (W. Shakespeare, *Hamlet, III*)
chiasmus [kʌɪ'azməs] (Chiasmus, Überkreuzstellung einander entsprechender Satzteile oder Begriffe)	"Fair is foul, and foul is fair." (Shakespeare, *Macbeth*, I, 1)
ellipsis (Ellipse; Auslassung eines Wortes im Satz, ohne den Sinn zu beeinträchtigen)	When in Rome, do as the Romans do. (= When you are in Rome …)
enumeration (Aufzählung, Auflistung)	She enjoyed the warmth, the light and the smells of spring.
inversion (Inversion; Änderung der Satzstellung zur Hervorhebung einer Tatsache)	Little did he know of the dangers ahead.
parallelism (Parallelismus; Wiederholung eines Satzbaumusters)	Money tickles my fancy and fame flatters my pride.
rhetorical question (rhetorische Frage zur Hervorhebung einer Tatsache)	"Shall I compare thee to a summer's day?" (Shakespeare, *Sonnet 18*)

Bildhafte Figuren ***(imagery and sense devices)***	**Beispiele**
allusion (Anspielung auf ein Ereignis oder eine andere Textquelle)	"Frankenfood" meaning "genetically altered food" is an allusion to Frankenstein's misshapen creature.
ambiguity [æmbɪ'gjuːɪtɪ] (Mehrdeutigkeit)	"The sauce is too hot!" could mean that it is either too strongly heated or very spicy.
euphemism (Euphemismus; beschönigende Umschreibung)	"joycamp" is used for "forced-labour camp" in G. Orwell, *1984*
hyperbole [haɪ'pɜːbəlɪ] (Hypérbel; Übertreibung)	"Good advice is rarer than rubies." (S. Rushdie, *Perhaps you should talk to someone)*
irony (Ironie; Ausdruck, der das Gegenteil des Gesagten meint; Ziel: Enthüllung, Verspottung)	"For Brutus is an honourable man" (Brutus was one of the conspirators who murdered Caesar) Shakespeare, *Julius Caesar,* III, 2)
metaphor ['metəfə(r)] (Metapher; indirekter bzw. bildhafter Vergleich)	"Night's candles are burnt out" (= the stars), Shakespeare, *Romeo and Juliet,* III, 5)
oxymoron [ˌɒksɪ'mɔːrɒn] (Oxýmoron; Kopplung zweier widersprüchlicher Begriffe)	He arrived in slow haste. This was chaos organized.
personification (Personifikation; Ausstattung einer Idee oder Sache mit menschlichen Eigenschaften)	"The sun for sorrow will not show his head" (Shakespeare, *Romeo and Juliet,* V, 3)
simile ['sɪmɪlɪ] (direkter Vergleich)	"My love is like a red, red rose" (R. Burns, *A Red, Red Rose*)
symbol (Sinnbild)	A rose is a symbol of love. Rain is a symbol of sadness.

3.2 Lesefertigkeiten und Leseverständnis

Bevor man mit einer Textbearbeitung beginnt, ist es notwendig, den Text erst einmal zu lesen. Zur **Informationsgewinnung** werden folgende Lesetechniken angewendet:

- ***scanning*** (suchendes Lesen): eine Suchtechnik. Der Text wird zur Suche nach einer bestimmten Detailinformation/einem bestimmten Textabschnitt gezielt überflogen.
- ***skimming*** (orientierendes Lesen): wichtig zur Beantwortung von Fragen nach dem Gesamtverständnis *(What is the text about?)*. Es vermittelt einen Überblick über den Text. Die wesentlichen Inhalte werden schnell registriert, ohne sich an Beispielen, Details oder unbekannten Wörtern aufzuhalten.
- ***intensive reading*** (detailliertes Lesen): erfordert die enge Auseinandersetzung mit dem Text und mehrmaliges Lesen. Detailliertes Lesen ist die Lesetechnik der Textanalyse, denn durch ein solches intensives Lesen kann man folgende **Schritte der Textinterpretation** (↑S. 54) nachvollziehen:

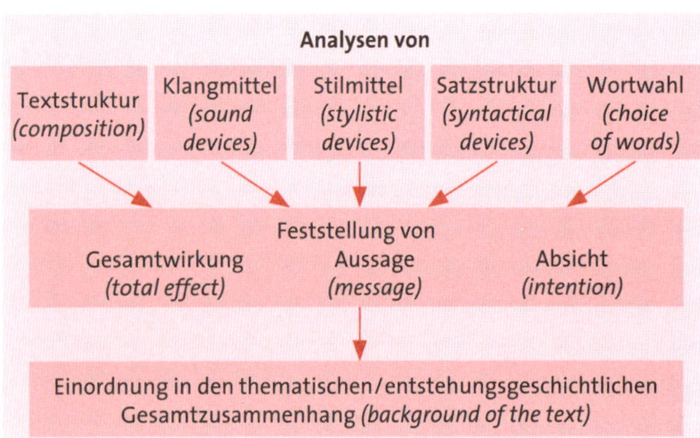

Technische Hilfen beim Lesen

Die optische Strukturierung des Textes erfolgt durch

- mehrfarbiges Unterstreichen und Markieren,
- Notizen am Textrand,
- farbige *Post-its* zur Markierung wichtiger Textstellen.

Die Strukturierung dient dem Leser als Hilfsgerüst, das ihm zeitaufwendiges Suchen erspart. Dies macht

- einen Text übersichtlicher,
- wichtige Textstellen wiederauffindbar und
- erleichtert das Einprägen der wichtigen Inhalte.

3

Sparsam und gezielt markieren

Statt ganzer Zeilen sollten nur die Kernbegriffe markiert werden, um die Übersichtlichkeit zu wahren. Anstatt mehrere Zeilen zu kennzeichnen, empfiehlt sich eine zusammenfassende Randnotiz, die auch als Zwischenüberschrift dienen kann. Damit findet man sich schneller im Text zurecht und weiß auf einen Blick, welche Inhalte in welchem Textabschnitt behandelt werden.

Notizen und Markierungen sind in zwei Phasen des Lesens sinnvoll:

- **vorläufige Notizen und Markierungen,** die während des Lesevorgangs begleitend gemacht werden (vor allem bei längeren Texten); sie dienen der ersten Orientierung und helfen später, Wichtiges wiederzufinden.
- **gezieltes Unterstreichen und Notieren** im Hinblick auf eine Aufgabenstellung. In diesem Fall sollte der Text erst einmal komplett gelesen werden. Hier ist wichtig: sorgfältiges Markieren und das Kennzeichnen unterschiedlicher Aspekte durch *unterschiedliche* Farben oder Stricharten.

Schritte zum Verständnis eines Textinhaltes

1 Antizipation
Titel und beigefügte Illustrationen liefern Hinweise zum Thema des Textes. Vorkenntnisse zum Thema werden abgerufen und steuern das Lesen. Der Name des Autors und das Erscheinungsdatum helfen, den Text einzuordnen.

2 Überblick
Durch *skimming* erhält man einen ersten Eindruck vom Textinhalt. Das Thema kann nun in einem Satz formuliert werden, z. B. *The text describes the effects of unemployment.*

3 Detailverständnis
Durch sorgfältiges und intensives Lesen werden Textdetails erschlossen. Kernaussagen werden unterstrichen.

4 Textstruktur
Einen Überblick über den Handlungsaufbau *(plot)* bzw. gedanklichen Verlauf *(train of thought)* erhält man, indem man den Text in Sinneinheiten untergliedert:
- in Handlungsphasen bei Erzähltexten und Dramen,
- in gedankliche Schritte (*argument, explanation, illustration, instruction* etc.) bei argumentativen Texten.

Die Kernaussagen jeder Sinneinheit werden in eigenen Worten formuliert, z. B. *Losing one's job deeply affects a person's self-esteem.* Die inhaltliche Struktur eines Textes wird schematisch entweder als Fluss- oder Baumdiagramm oder als Tabelle dargestellt.

Struktur der dramatischen Handlung in W. Shakespeare, *Macbeth*

Exposition The witches' prophecy → Macbeth's ambition ▶ **Rising action** Macbeth murders King Duncan. ▶

Methoden zur Feststellung des Textthemas

- **Wortfeld-Methode:** Feststellen des Sach- /Themenbereichs, aus dem das vorherrschende Wortfeld stammt.
- **Schlüsselwort-Methode:** Unterstreichen der sinntragenden Wörter des Textes *(keywords)*

Methoden zum Detailverständnis

Worterschließungsstrategien	**Beispiele**
Lautmalende Wörter geben durch ihren Klang Hinweise auf ihre Bedeutung.	to buzz, to clap, to snarl
Lehnwörter ähneln oft bereits bekannten Begriffen aus dem Deutschen, Französischen oder Lateinischen.	household language valid
Wortstamm, Präfixe und Suffixe: Aus dem Wortstamm und der Bedeutung von Vor- und Nachsilben lässt sich die Bedeutung eines Wortes erschließen.	brotherhood dependence indestructible
Oft liefert die **Textumgebung** Hinweise auf die Bedeutung eines Wortes. Häufig befinden sich hier Wörter mit gleicher oder ähnlicher Bedeutung *(synonyms)*	The kidnappers demanded a ransom of $ 1.000.000. (→ ransom = Lösegeld)

Satzverstehen	**Fragen**
Reduzierung komplexer oder unübersichtlicher Sätze auf ihre **Kernelemente** durch bestimmte Fragen.	WER macht WAS? Wo? Wann?

Climax Macbeth is king; Banquo's murder → **Falling action** Opposing forces rise against Macbeth. → **Dénouement** Order is restored.

3.3 Sachtexte

Als Sachtexte bezeichnet man Texte, die Informationen über Personen, Tatsachen und Ereignisse aus der **Wirklichkeit** wiedergeben.

Der Aussagegehalt von Sachtexten lässt sich an der Wirklichkeit überprüfen. Sachtexte werden auch nicht-fiktionale *(non-fictional)* oder faktuale *(factual)* Texte genannt.

Kriterien zur Unterscheidung von Sachtexten

Erscheinungsform	Inhalt	Textfunktion
Buch, Zeitung, Zeitschrift, Internet, mündlich / schriftlich	wissenschaftlich, technisch, historisch, psychologisch	berichtend, beschreibend, argumentierend, beratend

Kommunikative Struktur und Texttyp

Der kommunikative Zweck, den ein Text oder Textabschnitt für den darin dargestellten Textinhalt erfüllen soll (z. B. soll eine Tatsache zwar erklärt, aber nicht bewertet werden), bestimmt die spezifische Strukturierung des Textes: Satzbau, Wortwahl und die Wahl der Verbzeiten sind von der Funktion abhängig, die der Text übernehmen soll. In der Regel besitzen Texte eine Abfolge bzw. einen Wechsel zwischen verschiedenen kommunikativen Strukturen. So können in der Werbung die deskriptive und die appellative Struktur aufeinanderfolgen. Dabei kann eine Art der Textstruktur jedoch vorherrschen. Nur bestimmte Texttypen sind nach einem einzigen Strukturierungsmuster aufgebaut. Der vorherrschenden Textstrukturierung lassen sich jeweils bestimmte Texttypen zuordnen.

Kommunikative Strukturen und ihre Merkmale

Hat ein Text vorwiegend eine **narrative Struktur** *(narrative structure)*, so kann man folgende **Merkmale** finden:

- Der Text berichtet chronologisch über Ereignisse, Entwicklungen, deren Ursachen, Auslöser und Konzequenzen,
- gibt Antwort auf die Fragen *Who?*, *What?*, *When?*, *Why?*, *How?* und
- verwendet hauptsächlich die Zeitform *simple past.*

Texttypen: *news item, news report, letter, diary, minutes* (Notizen, Protokoll)

Ist die **deskriptive Struktur** *(descriptive structure)* vorherrschend, dann überwiegt

- die Beschreibung optischer Eindrücke und momentaner Stimmungen, statischer Zustände, von Erscheinungen, Personen, Orten, Gegenständen,
- in der Sprache ein Gebrauch von Adjektiven, adverbialen Bestimmungen und treffenden Verben sowie
- *simple present, present progressive, simple past* und *past progressive* als Zeitform.

Texttypen: *characterization, sports commentary; description of a scenery, a painting or a photo*

Bei der **expositorischen Struktur** *(expository structure)* gilt:

- Der Text erklärt Sachverhalte und Vorgänge entweder **synthetisch** (zuordnend), d. h. durch die Klassifizierung eines Sachverhalts unter einem Überbegriff, oder **analytisch,** also durch die Zerlegung eines Sachverhalts in seine Faktoren oder Komponenten;
- die Sprache verwendet Fachausdrücke *(technical terms),*
- die Zeitform ist vorwiegend *simple present.*

Texttypen: synthethisch – *definition, explanation, dictionary entry, encyclopaedia entry;* analytisch – *comment, scientific investigation* (wissenschaftliche Untersuchung), *essay*

Liegt eine **argumentative Struktur** *(argumentative structure)* vor, dann

- begründet der Text Meinungen und Handlungen,
- setzt sich mit einem Problem aus mehreren Blickwinkeln auseinander,
- hat folgendes Textschema (vereinfacht): These – Argument – Schlussfolgerung und
- verwendet die Zeitform *simple present.*

Texttypen: comment, essay, discussion, letter to the editor (Leserbrief)

Texte mit **instruktiver Struktur** *(instructive structure)*

- geben Handlungsanleitungen,
- enthalten Aufforderungen, Hinweise, Empfehlungen, Ratschläge, Warnungen,
- benutzen als Zeitform das *simple present* und
- verwenden häufig die Verbform des *imperative.*

Texttypen: cookery book, gardening book, user's manual (Benutzerhandbuch), *operating instructions* (Bedienungsanleitung), *advice column* (Ratgeberspalte)

Wenn der Text hauptsächlich eine **appellative Struktur** *(appellative structure)* hat, will er den Leser mithilfe von Argumenten, Beispielen, Zitaten oder Zahlenangaben zu einer Handlung überreden *(persuasive function):*

- Der Text appelliert sowohl an den Verstand als auch an die emotionalen Bedürfnisse des Lesers,
- er zielt auf eine Situations- oder auf eine Verhaltensänderung ab,
- in der Sprache lassen sich viele Adjektive und Übertreibungen finden und
- die Zeitform ist meist *simple present;* häufig steht das Verb im *imperative.*

Texttypen: advertisements, political speeches

Zeitungsartikel

Zeitungen und Zeitschriften sind **Medien** *(media)* der **Massenkommunikation** *(mass communication)*, ebenso wie beispielsweise Film, Hörfunk, Fernsehen und Internet. Sie sind besonders hilfreich beim Erwerb von kulturellen, sozialen und politischen Informationen aus der bzw. über die anglophone Welt.

Presseartikel der Tages- und Wochenzeitungen *(dailies, weeklies)* befriedigen in erster Linie das **Informationsbedürfnis** der Leser. Sie berichten über aktuelle Ereignisse des öffentlichen Lebens. Um für den Leser als Konsumenten attraktiv zu sein, müssen Presseartikel folgende **Kriterien** erfüllen:

- Lesbarkeit *(readability)*: Übersichtlichkeit und Verständlichkeit
- möglichst komprimierte Darstellung
- Informationsgehalt
- Aktualität
- Zuverlässigkeit
- interessante Themen
- Identifikationsangebote

Die Presse spielt eine wichtige Rolle in der Darstellung der öffentlichen Meinung sowie im Prozess der öffentlichen Meinungsbildung.

▶ Zeitungen

Bei Presseprodukten wird aufgrund der Unterschiede im Kommunikationsstil, in der äußeren Aufmachung und in den inhaltlichen Schwerpunkten zwischen zwei Gruppen unterschieden, und zwar zwischen der **Boulevardpresse** *(popular press/popular papers, tabloid/sensational papers, yellow press, gutter press)* und der **seriösen Presse** *(quality press/papers)*. Sie richten sich an unterschiedliche Leserkreise *(audience)*.

Gestaltung der *quality papers*

Was den **Inhalt** angeht, so gilt:

- Der Schwerpunkt liegt auf politischen, wirtschaftlichen und kulturellen Themen,
- es gibt eine detaillierte Berichterstattung und Analyse von Hintergründen,
- Berichterstattung und Meinungsäußerung werden in der Regel wahrnehmbar voneinander getrennt und
- die Artikel zeichnen sich durch präzise und sachliche Angaben aus.

Bei **Sprache und Aufbau** überwiegen:

- formelle, sachliche Sprache,
- komplexe Satzstrukturen,
- längere Absätze mit einer gedanklichen Entwicklung,
- zusammenhängend gegliederte Artikel.

Hinsichtlich **Layout und Format** lassen sich vor allem folgende Merkmale finden:

- Überwiegen des Textanteils gegenüber Überschriften und Illustrationen,
- großseitiges *broadsheet*-Format.

Gestaltung der *popular papers*

Hier gilt für den **Inhalt:**

- Überwiegen der „leichten" Nachrichten: *accidents, crime, sports, gossip* (Klatsch), *human-interest stories* (Einzelschicksale),
- Vermischung von Tatsachen und Kommentar *(mixing report and comment)*,
- Konzentration auf die Personen- und Beziehungsebene statt auf die Sachebene *(personalizing)*,
- Vereinfachung von Sachverhalten zur Dramatisierung *(simplification, sensationalism)*.

Im Bereich **Sprache und Aufbau** herrschen vor:

- informelle Sprachebene mit umgangssprachlichen Wendungen *(colloquialisms, idioms)*,
- Wertung durch konnotative Ausdrücke,
- dramatisches Vokabular in Schlagzeilen,
- einfache Satzstrukturen und
- kurze Absätze ohne gedankliche Entwicklung.

Layout und Format zeichnen sich aus durch:

- überdimensionierte Schlagzeilen,
- Verwendung von Farbdruck,
- einen hohen Bildanteil und
- kleinseitiges *tabloid*-Format.

3

Aufbau *(layout)* eines Zeitungsartikels

Überschriften *(headings):* Ihre Funktion ist es, die Aufmerksamkeit der Leser einzufangen *(eye-catching effect)*. Auffallende Merkmale *(striking features)* sind die Typengröße *(printed in high letters)* und fesselnde Begriffe *(eye-catchers)*.

Um das Thema in möglichst knapper Form anzukündigen, wird auf Verb und Artikel verzichtet. Verkürzende Wortneubildungen (z.B. *exex* für *executives*) und Akronyme (↑S. 6) ersetzen längere Wörter. Klangfiguren (↑S. 83) verleihen Überschriften die Einprägsamkeit von Slogans (z.B. "Going Green" *Time*, July 23, 2007).

Headlining* und *Paragraphing: Die Unterteilung des Textes in Absätze *(paragraphing)* und das Einschieben von Zwischenüberschriften *(headlining)* machen einen Artikel übersichtlicher und leichter lesbar. *Subheadings* bilden außerdem ein Mittel, um im Text Akzente zu setzen und den Leser zu beeinflussen.

Der so genannte **Kopf** *(head paragraph)* kann die wichtigsten Informationen zu einem Ereignis zusammenfassen. Der nachfolgende **Haupttext** *(body)* liefert dann Hintergründe und

Einzelheiten. Diese Form des Textaufbaus bezeichnet man als *general-to-particular structuring*. ***Topic sentence*** ist die Bezeichnung für den Satz am Anfang eines Absatzes, der das **Thema** des Absatzes vorstellt.

Today's weather: 4C, cloudy

Sport: Prancing horse power, p. 30

Tuesday January 27 2004

Morning Telegraph

£ 0,61 published in London

More Hightech in Classrooms

Rooms will undergo a facelift to enhance capabilities for teaching

James Turner
Education correspondent

Each of the rooms will be equipped with consoles that contain a com-puter, data pro-jector, wireless micro-phone, and telephone. Some will also contain docu-ment cameras. By the time the project is completed for the fall semester, all the large lecture theatres in the Classroom Building plus three smaller classrooms on the fourth floor will be fully equipped to support technology-assisted teaching. The project, which is being under-taken by Information Sevices, is a con-tinuation of a process to upgrade and equip classrooms on campus that started last summer. During that first phase, three class-rooms, the Education Auditorium and five portable carts were outfitted with equipment to enable instructors to use technology in their teaching.

During that first phase, three class-rooms, the Education Auditorium and five portable carts were outfitted to use technology in

At Public schools, a whole lot of students talk about their teachers and projects – including video editing

New Ways of Education?

Ongoing Debate about Alternative Forms of Secondary Education in Public Schools

Samantha Williams and Joey Coley

They also talk about being independent, "because the teacher's not going to be there all the time. You need to learn things just for yourself and learn how to work them out," says Leon, who is in his last year at Robin Hood.
Aston says exposing them to technology has its drawbacks when the schools they move on to aren't as advanced. Her pupils feed into eight or nine different schools, and "most have a very disappointing experience," she says.
Robin Hood and Selly Park – which often work together – are among the top 5 percent of schools in the city in terms of ICT, Brighouse says. All three schools are representative of us

Mr. Smith teaching his class.

Once vandalized, now inviting But almost three years on, dramatic changes have occurred at the school where vandalism and introverted students were common. Test scores have improved, the school environment is more inviting, and other schools are visiting to see how they have made ICT a central theme. Early on, Ms. Aldridge

They also talk about being independent, "because the teacher's not going to be there all the time. You need to learn things just for yourself and learn how to work them out," says Leon, who is in his last year at Robin Hood.
Aston says exposing them to technology has its drawbacks when the schools they move on to aren't as advanced. Her pupils feed into eight or nine different schools, and "most have a very disappointing experience," she says.
Robin Hood and Selly Park – which often work together – are among the top 5 percent of schools in the city in terms of ICT, Brighouse says. All three schools are representative of us But almost three years on, dramatic changes have occurred at the school

Ashamed By Your English?

Quick Index

Letters	7
Quick Crossword	20
Today's TV	16
Today's Weather	5
Sports	30
Kids and Fun	25
Health	35

Morning Telegraph
Telegraph Newspapers Ltd
120 Harrison Rd.
Phone: 060-7458-1236
www.morning-telegraph.co.uk

Today on www.Morning Telegraph.uk
• The result as it happens
Log on tonight fro breaking news on the vote
• Real rebels
Which politicians to vow?

Mind Your Words

Patricia Allen
Language editor

Children design book covers and search the Internet for projects on weather stations. It's great to have more computers, they say, because an entire class can work at once. "There are not many schools that have a station for each child," Aldridge says.

Inhalt: Der Inhalt eines Zeitungsartikels stellt das Ergebnis einer **Auswahl** *(selection)* dar. Die Auswahl der Informationen orientiert sich an den Interessen und Meinungen der Leserschaft einer Zeitung. Durch die Erwähnung bzw. das Verschweigen bestimmter Fakten erhält ein Bericht eine **Färbung** *(bias):* Über ein Ereignis wird dann aus einem bestimmten Blickwinkel berichtet. Darüber hinaus deutet die Anordnung der Informationen den Stellenwert an, den sie für den Autor bzw. die Leserschaft haben.

Es gibt verschiedene **Typen von Zeitungsartikeln**, die sich in zwei Gruppen einteilen lassen:

3

Artikel zur Tatsachenvermittlung *(factual articles)*

Artikel zur Tatsachenvermittlung sind vorwiegend informativ und sachlich ausgerichtet. Das aktuelle Ereignis steht im Vordergrund. Dennoch sind in diesen Artikeln anhand der Auswahl, Anordnung und sprachlichen Präsentation der Nachricht versteckte Wertungen erkennbar.

Zu den *factual articles* zählen:

- **Nachrichtenmeldung** *(news item):* komprimierte Nennung eines Ereignisses *(Who? What? etc.)*, oft in nur einem Satz.
- **Bericht** *(news report):* ausführliche, unkommentierte Darstellung eines aktuellen Tagesereignisses.
- **Reportage** *(feature):* ausführliche Darstellung eines Themas, das über einen längeren Zeitraum aktuell ist, oder Erlebnisbericht. Vorwiegend tatsachenorientiert, teils persönlich gefärbt, Beleuchtung von Hintergründen, Befragung von Experten und Beteiligten sowie Abbildungen.
- ***news story:*** kommentierte Darstellung eines aktuellen Ereignisses. Vermischung von Tatsachen und Kommentar durch die Umstellung der chronologischen Reihenfolge und das Einfügen von Meinungsäußerungen Beteiligter.

Artikel zur Meinungsdarstellung *(commenting articles)*

Hier steht die Meinung des Schreibenden zu einem Geschehen im Vordergrund. Zwar werden oft auch Informationen gegeben, diese sind jedoch in einen eindeutig wertenden Kontext eingebunden.

Zu den *commenting articles* gehören:

- **Leitartikel** *(editorial/leading article):* gegliederte und argumentativ aufgebaute Stellungnahme des Herausgebers oder leitenden Redakteurs zu einem aktuellen Tagesereignis.
- **Kommentar** *(comment):* regelmäßig erscheinender Artikel (oft mit festem Platz im Layout) mit argumentativer Struktur, in dem Stellung zu aktuellen Nachrichten genommen wird.
- **Leserbrief** *(letter to the editor):* Möglichkeit für Leser, ihre Meinung zu einem Thema zu äußern.
- **Film-** oder **Buchbesprechung** *(review):* Vorstellung und Bewertung von Neuerscheinungen.

Werbeanzeigen

Werbeanzeigen *(advertisements)* sind Texte mit handlungsaufforderndem Charakter. Sie sind mit den Merkmalen der appellativen Textfunktion (↑S. 58) ausgestattet.

Werbeanzeigen sprechen den Betrachter mit **visuellen** und **sprachlichen Zeichen** zugleich an. Ihr Adressat ist die begrenzte Lesergruppe, die als Konsument des jeweiligen Produktes in Frage kommt. Die Appelle *(appeals)* der Werbung orientieren sich optisch, sprachlich und inhaltlich an den vermuteten Bedürfnissen *(needs)* und Einstellungen *(attitudes)* der Zielgruppe. Die Appelle richten sich an die Emotionen des Betrachters, um dessen Bedürfnisse zu wecken *(e.g. the desire to look more attractive, to be accepted)*.

Gestaltung einer Werbeanzeige

Der **Inhalt** konzentriert sich auf:

- Einführung eines neuen Produktes,
- Hervorhebung der Vorzüge eines Produktes,
- Vergleich von Produkten.

Die **Sprache** zeichnet sich aus durch:

- Adjektive, *exaggeration*, bildhafte Sprache *(imagery)*,
- durch Klangmittel einprägsam klingende Slogans,
- knappe Formulierungen *(short and catchy phrases)*,
- Wiederholungen.

Das **Layout** wird charakterisiert durch:

- dominierenden Bildanteil und Großdruck,
- idealisierende Bildmotive, um Assoziationen von Glück, Reichtum und einem positiven Lebensgefühl zu wecken.

Essay

▶ Essay

Als **Essay** *(essay)* bezeichnet man eine durch die persönliche Einstellung des Autors gefärbte, strukturierte Auseinandersetzung mit einem beliebigen Thema. Ziel des Essays ist nicht die wissenschaftliche Exaktheit, sondern die Darlegung der persönlichen Position.

Der **Aufbau** eines Essays gestaltet sich folgendermaßen:

- Überwiegen der expositorischen/argumentativen Struktur (↑S. 57/58) und klare gedankliche Gliederung *(composition)*
- Aufbau in Thesen, Argumente und Gegenargumente, verdeutlichende Beispiele und persönliche Erfahrungen,
- Signalisierung der gedanklichen Schritte durch *topic sentences* und *sentence connectives.*

Die **Sprache** eines Essays wird gekennzeichnet durch:

- Stilfiguren zur Betonung der Aussagen,
- komplexe Sätze,
- umfangreichen Wortschatz *(wide vocabulary)*.

Politische Reden

Eine **politische Rede** *(political speech)* ist eine öffentliche Ansprache zu einem Thema von politischer oder gesellschaftlicher Bedeutung.

Intention der politischen Rede ist die **Überzeugung** der Zuhörerschaft von **politischen Zielen** und **Programmen,** die grundlegend für die Zukunft, für politische Entscheidungen und politisches Handeln sind. Politische Reden werden zu besonderen Anlässen vorgetragen, z. B. nationale Gedenktage, internationale Vertragsabschlüsse, Wahlkampfreden *(electoral speeches)*, Antrittsreden der amerikanischen Präsidenten *(inaugural addresses)*.

Die **Sprache** einer politischen Rede wird geprägt von:

- Sätzen von überschaubarer Länge (einfache Satzreihen oder Satzgefüge),
- einprägsamen, nachhaltig wirkenden Wiederholungen,
- rhetorischen Fragen *(rhetorical questions)* zur Strukturierung/Hervorhebung oder zur Gewinnung der Zustimmung,
- Anaphern und Parallelismen in der Satzstruktur zur Unterstreichung der Dringlichkeit,
- bildhafter Sprache *(imagery)* zur Veranschaulichung abstrakter Begriffe,
- konnotativen Ausdrücken zur wertenden Beeinflussung,
- der bewussten Wahl sprachlicher Mittel, sodass die Rede verständlich ist und wichtige programmatische Punkte im Gedächtnis der Zuhörer haften bleiben.

Für den **Aufbau** gilt:

- Überwiegen der argumentativen und der appellativen Struktur (↑S. 58),
- Verwendung einer Vielzahl von Appellen, die sich an die emotionalen Bedürfnisse der Zuhörer richten (z. B. Sicherheit, Zugehörigkeit zu einer Gemeinschaft, Ermutigung),
- bewusst gewählter Aufbau: *introduction – argumentation – conclusion.*

Beeinflussung und Propaganda

Unter Propaganda *(propaganda)* versteht man die Beeinflussung großer Menschenmassen, um deren Einstellung in eine bestimmte Richtung zu verändern.

Massenmedien, Werbung und politische Parteien nutzen Sprache und visuelle Zeichensysteme zur Beeinflussung der Massen. Ist die Beeinflussung für den Medienkonsumenten nicht erkennbar (z. B. wegen geringen Hintergrundwissens, bei Ausschaltung der Pressefreiheit), wird er zum Objekt einer **Manipulation**.

Techniken der Beeinflussung sind:

- Übertreibung *(exaggeration)*,
- Untertreibung (Beschönigung oder Verharmlosung von Sachverhalten, das so genannte *playing-down of facts*),
- Euphemismen *(euphemisms)*,
- Zurückhalten von Informationen *(withholding information)*,
- einseitige Informationsauswahl *(one-sided information)*,
- Vereinfachen *(simplification)* oder Verändern von Fakten,
- Wiederholung bestimmter Schlagwörter *(repetition of slogans)*.

3.4 Fiktionale Texte

Fiktionale Texte *(fictional texts)* stellen einen Ausschnitt aus einer in sich abgeschlossenen, **erdachten Wirklichkeit** dar. Die Informationen über Personen, Situationen und Ereignisse sind nur anhand des Textes überprüfbar. Die Texte der Literatur bezeichnet man als fiktional.

Die fiktionale Wirklichkeit wird aus den folgenden Elementen konstruiert:

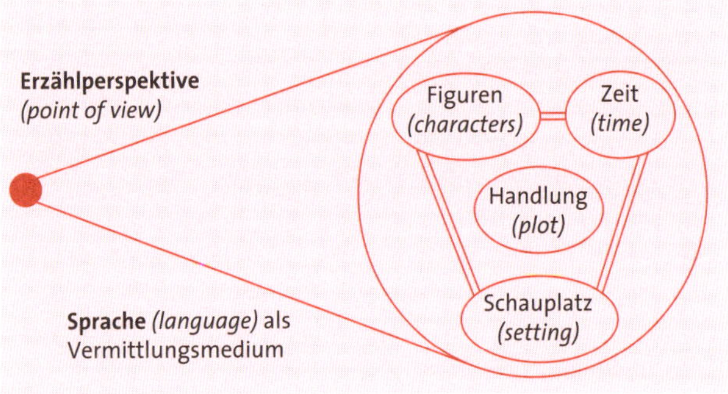

Fiktionale oder literarische Texte lassen sich abhängig von ihrer Darstellungsform einer literarischen **Gattung** zuordnen:

Fiktionale Texte

Epik/Prosa
(narrative texts)
- Roman *(novel)*
- Erzählung *(narration)*
- Kurzgeschichte *(short story)*
- Fabel *(fable)*

Lyrik
(poetic texts)
- Gedicht *(poem)*
- Ballade *(ballad)*
- Sonett *(sonnet)*
- Lied *(song)*

Dramatik
(dramatic texts)
- Komödie *(comedy)*
- Tragödie *(tragedy)*
- Kurzdrama *(short play)*

Narrative Texte *(novel* und *short story)*

Erzähler

Das wesentliche Merkmal erzählender Texte ist das Vorhandensein eines **Erzählers** *(narrator)*. Dieser tritt als Vermittler zwischen Leser und Erzählhandlung auf. Abhängig von der **Perspektive** *(point of view)*, die der Erzähler gegenüber der Erzählhandlung einnimmt, ist er für den Leser mehr oder weniger direkt erkennbar. Es lassen sich drei Typen des Erzählers unterscheiden.

Ich-Erzähler *(first person narrator)*

Der Ich-Erzähler ist entweder als Randfigur *(observer narrator)* oder als Hauptfigur am Geschehen beteiligt. Die Erzählperspektive ist **eingeschränkt** *(limited point of view)* und **subjektiv.** Der Leserbezug vermittelt dem Leser den Eindruck der Teilnahme am Geschehen und verlangt von ihm eine Prüfung des subjektiv gefärbten Berichts.

Personaler Erzähler *(selective third person narrator)*

Der personale Erzähler ist für den Leser nicht direkt erkennbar. Er erzählt die Handlung ohne persönliche Einmischung in der dritten Person. Schauplatz, Figuren und Handlung werden ausschließlich aus der Sicht einer bestimmten Figur, die selbst an der Handlung beteiligt ist, betrachtet (Er-Erzähler). Daher ist diese Erzählperspektive einerseits **eingeschränkt** *(limited point of view)*; andererseits erlebt der Leser bei der Lektüre das Geschehen **unmittelbar** mit. Er erhält direkten Einblick in die Gedanken und Gefühle der Figur *(internal point of view)*.

Der Leserbezug wird gekennzeichnet durch eine Nähe zur Figur und eine damit verbundene **Identifikationsmöglichkeit.** Vom Leser wird eine Auseinandersetzung mit der Wahrnehmung der Figur verlangt.

Allwissender Erzähler *(omniscient narrator)*

Der Erzähler überblickt das Handlungsganze von einem Standpunkt außerhalb der Handlung *(unlimited point of view)*. Wie ein Regisseur steuert er den Erzählvorgang durch Vorgriffe, Zeitsprünge und Rückblicke. Er kann in zwei Varianten auftreten:

- Der **neutrale Erzähler** *(impersonal narrator)* bleibt anonym und gibt einen sachlichen, fast kommentarlosen Bericht.
  Beispiel: "At two o'clock in the morning two Hungarians got into a cigar store at Fifteenth Street and Grand Avenue." (E. Hemingway, *I can tell wops a mile off*)
- Der **auktoriale Erzähler** *(intrusive narrator)* tritt durch direkte Ansprache des Lesers und einmischende Kommentare als Gestalt in Erscheinung.
  Beispiele: not long before our story opens – Now to return to our story – Would you have expected …

Zeitgestaltung

Aus dem Verhältnis von Erzählzeit zu erzählter Zeit (↑S. 71) ergeben sich die Techniken der Zeitgestaltung, die den Text strukturieren sowie wichtige Ereignisse und Situationen hervorheben. Diese Techniken sind:

- **Zeitraffung:** *acting time > reading time,* Zusammenfassung der Handlung eines längeren Zeitraums, panoramisches Erzählen *(panoramic presentation)*
- **Zeitsprung:** *acting time > reading time,* extremste Form der Zeitraffung
- **Zeitdeckung:** *acting time = reading time,* z. B. in wortwörtlicher Wiedergabe von Dialogen, szenischem Erzählen
- **Zeitdehnung:** *acting time < reading time,* Darstellung von Bewusstseinsvorgängen *(stream-of-consciousness technique)*, Momenten intensiven subjektiven Erlebens
- **Pause:** *reading time = 0,* Unterbrechung des Erzählvorganges für einen Erzählerkommentar oder eine Binnenerzählung *(story within the story)*.

Ein Erzähltext besitzt zwei **Zeitebenen** *(time scales):*

erzählte Zeit *(acting time)*	**Erzählzeit** *(reading time)*
↓	↓
Zeitraum, über den berichtet wird	Dauer des Erzählvorgangs

Ein weiteres Mittel zur Strukturierung einer Erzählung ist die **zeitliche Anordnung der Ereignisse:**

- chronologische Anordnung *(chronological order of events)*
- Rückwendung *(retrospection)*
- szenischer Rückblick *(flashback)*
- Vorausdeutung *(foreshadowing, anticipation)*
- Unterbrechung durch kreuzende Handlungsstränge *(interruption)*

Spannungserzeugung in Erzähltexten

Spannung *(suspense)* kann nur erzeugt werden, nachdem zuvor im Leser eine Erwartung auf ein zukünftiges Geschehen bzw. die weitere Entwicklung der Handlung geweckt wurde. Der Aufbau einer Lesererwartung geschieht in der Regel durch eine Teilinformation, z. B. durch:

- **Andeutungen und Hinweise:** Der Handlungsort *(setting)* und die erzeugte Atmosphäre *(atmosphere)* haben oft ankündigende Funktion. Teilinformationen und Andeutungen über die Vorgeschichte lassen den Leser eine vollständige Darstellung der Hintergründe erwarten.
- **Nennung eines Handlungsziels:** Für den Leser liegt die Spannung nun in den Fragen „Wie und wann wird das Vorhaben erreicht?“
- **Unterbrechung** der Erzählhandlung in einer Phase mit ungewissem Ausgang

Bewusstseinswiedergabe in Erzähltexten

In direkter bzw. indirekter Rede wiedergegebene Gespräche der Figuren sowie die direkte Gedankenwiedergabe durch den Erzähler geben dem Leser Hinweise auf die Gedanken, Wahrnehmungen und Gefühle der Figuren.
Beispiel: "She wished now she had put on a coat." (K. Mansfield, *The Garden-Party*)

Darüber hinaus legen Erzähltechniken der direkten **Innenschau** *(introspection)* Gedankengänge und Gefühle einer Figur offen. Diese Techniken werden häufig unter dem Begriff ***"stream-of-consciousness technique"*** zusammengefasst. Dazu gehören:

- **freie Gedankenwiedergabe** *(free indirect thought):* Die Gedanken einer Figur werden ohne einführende Verben des Denkens, Meinens und Fühlens wiedergegeben.
  Beispiel: "How her frock shone! And the big hat with the velvet streamer – if only it was another hat!" (K. Mansfield, *The Garden-Party*)
- **innerer Monolog** *(interior monologue):* Hier handelt es sich um eine durch den Erzähler nicht korrigierte Wiedergabe der spontanen Gedankenfolge und Eindrücke einer Figur in der für sie typischen Sprache, z. T. sprunghaft wechselnd und in unvollständigen Sätzen.
  Beispiel: "Should she go back even now? No, too late. This was the house. It must be." (K. Mansfield, *The Garden-Party*)

Kurzgeschichte *(short story)*

Die Short Story ist ein kurzer Erzähltext, der sich auf die Betrachtung einer einzelnen Situation konzentriert. Diese steht oft stellvertretend für ein bestimmtes Phänomen. Alle Gestaltungsmittel der Short Story (Sprache, Aufbau) tragen gezielt zur Verdeutlichung dieses Phänomens (z. B. *disappointment*) bei. Häufig wird eine krisenhafte Situation, Entscheidung oder

Wende untersucht, die für das Leben der Hauptfigur von herausragender Bedeutung ist. Die Betroffenheit der Figur in dieser Situation wird oft besonders intensiv und für den Leser nachvollziehbar dargestellt.

Obwohl Kurzgeschichten sich generell durch die Vielfalt ihrer Gestaltungsformen unterscheiden, gibt es spezifische Merkmale, in denen sie übereinstimmen können.

Merkmale der Short Story

Framework structure: Einige Geschichten sind in eine Rahmenhandlung eingebettet. Der Erzähler der Geschichte ist oft zugleich handelnde Figur der Rahmenhandlung.
Beispiel: T. Capote, *A Diamond Guitar*

Exposition: Als Exposition bezeichnet man den Teil der Short Story, der Ort und Zeit der Handlung *(setting)*, Stimmung *(atmosphere)*, Hauptfiguren sowie das Anliegen der Geschichte vorstellt. Nur die für das Verständnis der Gesamthandlung wichtigen Elemente der Vorgeschichte werden hier erwähnt. Dieser Erzählabschnitt steht in der Regel am Anfang der Geschichte.

Im folgenden Beispiel liefert bereits der Anfangssatz *(initial sentence)* die wesentlichen Informationen der Exposition und deutet das Thema an.
Beispiel: "At two o'clock in the morning two Hungarians got into a cigar store at Fifteenth Street and Grand Avenue." (E. Hemingway, *I can tell wops a mile off*)

Abrupt opening: Der unmittelbare Einstieg in die Handlung ist eine Erzähltechnik der Short Story, die das Interesse des Lesers weckt und ihn direkt am Geschehen teilhaben lässt.
Beispiel: "And then, after six years, she saw him again. He was seated at one of those little bamboo tables (…)" (K. Mansfield, *A Dill Pickle*).

3

Die Hauptpersonen und der Ort der Handlung werden im Anfangssatz als bekannt vorausgesetzt. In der Regel wird im weiteren Verlauf rückblickend dargestellt *(retrospection)*, wie es zur Ausgangssituation gekommen ist.

Turning point: Nachdem sich die Ausgangssituation bis zum Höhepunkt zugespitzt hat, kann die Handlung eine überraschende Wende nehmen. In Hemingways *A Day's Wait* z. B. tritt der Wendepunkt ein, als der Vater den Irrtum seines Sohnes erkennt, der glaubt, sterben zu müssen.

Open ending* und *surprise ending: Diese Erzähltechniken fordern den Leser zur persönlichen Deutung der Geschichte auf. Die Kurzgeschichte mit offenem Ende blendet den weiteren Verlauf der Handlung aus. Fragen und Probleme bleiben ungeklärt. Das offene Ende kann auch auf die Unveränderbarkeit einer Situation hindeuten. Das überraschende Ende erschüttert die bis dahin aufgebaute Lesererwartung.

Sprachliche Gestaltung der Short Story

Kurzgeschichten sind inhaltlich sehr komprimiert; durch treffende Formulierungen einerseits und **Andeutungen** „zwischen den Zeilen" soll eine möglichst große Aussagekraft erzielt werden. **Schlüsselbegriffe,** die durch Wiederholung hervorgehoben werden, sowie **Symbole** liefern wichtige Hinweise zum Verständnis einer Geschichte. Durch bewusste Wortwahl (Adjektive und Wörter mit konnotativer Bedeutung) wird die **Stimmung** einer Kurzgeschichte erzeugt.

Beispiel: In der Short Story *Eveline* von J. Joyce spielt das Wort *dust* eine große Rolle. Als Symbol des Todes erzeugt es eine Atmosphäre der Leblosigkeit und des Stillstandes und deutet so die Handlungsunfähigkeit Evelines am Ende der Geschichte an.

Roman *(novel)*

Der Roman, die narrative Langform, ist oft in Kapitel gegliedert. Sein Umfang erlaubt die Darstellung und Entwicklung mehrerer Handlungsstränge über einen längeren Zeitraum hinweg. Neben mindestens einer **Haupthandlung** *(main plot)* weist er oft mehrere **Nebenhandlungen** *(subplots)* auf. Häufige Schauplatzwechsel und eine Vielfalt von Figuren können auftreten. Der Roman ermöglicht die detaillierte Einführung in Hintergründe und Vorgeschichte der zentralen Handlung sowie die vertiefende Darstellung von Entwicklungsphasen einer Figur. Ein Thema kann aus verschiedenen Perspektiven betrachtet werden.

Drama

Ein Drama ist ein literarischer Text, der in erster Linie zur Aufführung auf einer Bühne bestimmt ist. Nur selten tritt ein Sprecher, Erzähler oder Chor auf, der z. B. vergangenes oder gleichzeitig ablaufendes Geschehen erläutert; vielmehr ist das Bühnengespräch der Hauptlieferant für alle wichtigen Informationen. Der Dramentext besteht aus zwei Elementen:

- Die **Bühnenanweisungen** *(stage directions)* liefern Hinweise zur optisch sichtbaren Gestaltung des Bühnengeschehens: Detaillierte Angaben zu Ort und Zeit der Handlung, Bühnenausstattung und -effekten lassen Rückschlüsse auf die Stimmung zu; bestimmte Einzelheiten der Bühnenausstattung können symbolische Bedeutung besitzen. Angaben zur Gestik, Mimik und Sprechweise der Akteure informieren über die Gefühlslage, Reaktionen und Einstellungen der Figuren.
- Die **Figurenrede** *(dialogue, monologue, aside)* bildet den Kern des Dramentextes. Im Bühnengespräch findet die Interaktion zwischen den Figuren statt, aus der die Beziehungen zwischen den Personen erkennbar werden und sich die dramatische Handlung entwickelt.

Hauptgattungen des Dramas

- Die **Komödie** *(comedy)* ist ein unterhaltsames Schauspiel, das, oft ausgehend von einem scheinbaren Konflikt, menschliche Schwächen entlarvt und zu einem glücklichen Ausgang führt.

  Beispiele: W. Shakespeare, *A Midsummer Night's Dream*, O. Wilde, *The Importance of Being Earnest*
- Die **Tragödie** *(tragedy)* ist ein ernstes Schauspiel, dessen Handlung durch einen tiefgreifenden Konflikt ausgelöst wird. Dieser Konflikt wird entweder von außen an die Hauptfigur *(tragic hero)* herangetragen, welche an der Bewältigung des Konfliktes scheitert, oder die Hauptfigur begeht unwissentlich einen schicksalhaften Irrtum *(tragic flaw)*, an dessen Folgen sie zerbricht.

  Beispiele: W. Shakespeare, *Romeo and Juliet*, A. Miller, *Death of a Salesman*

Dramatische Handlung

Die Dramenhandlung *(plot)* verzweigt sich in der Regel in Haupt- und Nebenhandlungen *(main plot, subplot)*. Sie wird durch **Akte** *(acts)* und **Szenen** *(scenes)* in kleinere Einheiten unterteilt. Diese Unterteilung stimmt im Allgemeinen auch mit bestimmten Phasen der Handlung überein.

Das zeitgenössische Drama hat Techniken entwickelt, auch zeitlich zurückliegende Handlungen, ähnlich wie im Film, als Rückblenden *(flashback)* auf der Bühne darzustellen.

Die dramatische Handlung wird in der Regel durch einen Konflikt ausgelöst. Aus den einzelnen Phasen, in denen sich der Konflikt entwickelt, ergibt sich die Struktur eines Dramas. Die folgende Grafik zeigt modellhaft die Struktur für das klassische Fünf-Akt-Drama, an der vor allem ältere Dramen ausgerichtet sind. Sie wurde von Gustav Freytag Mitte des 19. Jahrhunderts entwickelt und wird aufgrund ihrer Form auch Dramenpyramide genannt.

Die Struktur des klassischen Fünf-Akt-Dramas

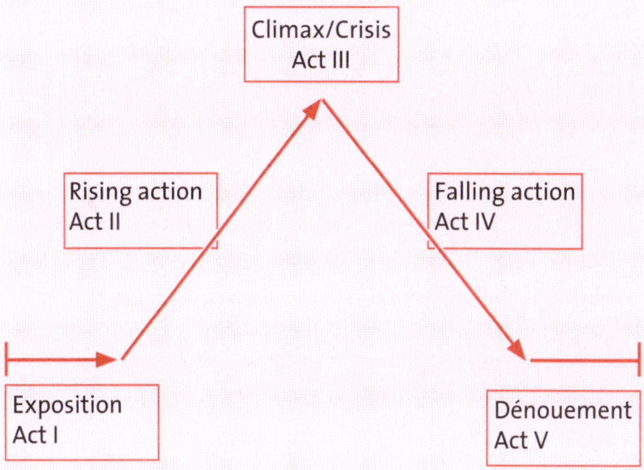

- ***Exposition*** (↑S. 73): Die Exposition liefert das Fundament für den Aufbau der Handlung und nennt die Vorgeschichte und das Handlungsziel der Hauptfigur, aus denen sich der dramatische Konflikt entwickelt.
- ***Rising action:*** Die ansteigende Handlung wird auch als die Komplikation bezeichnet, da die Hauptfigur auf dem Weg zu ihrem Handlungsziel einige Hindernisse zu bewältigen und Rückschläge zu erleiden hat.
- ***Climax:*** Der dramatische Konflikt erreicht in Akt III seinen Höhepunkt, auch Krise genannt. Er leitet unmittelbar den **Wendepunkt** *(turning point)* der Handlung ein: Das Kräfteverhältnis verschiebt sich; in der Tragödie bahnt sich der Untergang der Hauptfigur an.
- ***Dénouement:*** Im Ausgang der Handlung *(outcome of the action)* endet der Konflikt entweder tragisch durch das Scheitern oder den Tod des Helden; oder eine Versöhnung, eine gütliche Lösung *(solution)* wird erreicht.

Figuren *(characters)*

Die Figuren und ihre Handlungen stehen im Mittelpunkt des Dramas. Ihre Entscheidungen und Gespräche lösen neue Handlungen aus; sie bestimmen den Handlungsverlauf. Zur Charakterisierung und Darstellung der Figuren im Dramentext gibt es folgende Techniken:

Direkte Charakterisierung:

- Angaben in den Bühnenanweisungen, z. B. *she admires him, there is a touch of the artist about him*
- Äußerungen der Figur über sich selbst (häufig zu finden im Monolog *(monologue)* und Selbstgespräch *(soliloquy)*)
- Äußerungen anderer Personen über die Figur, z. B. *You are a good and faithful husband to her*
- sprechende Namen *(telling names)*, z. B. *Mr* und *Mrs Antrobus* (→ Mensch, Menschheit) in T. Wilder, *The Skin of Our Teeth*

Indirekte Charakterisierung:

- nicht sprachliche Merkmale einer Person wie Kleidung und Auftreten, Sprache und Sprechweise, Umgebung (Bühnenausstattung, symbolische Gegenstände); oft abhängig von der jeweiligen Inszenierung des Stückes
- Gegenüberstellung von Figuren mit gegensätzlichen Eigenschaften *(opposites)*, z. B. Willy Loman und Charley in A. Miller, *Death of a Salesman*
- Wiederholung eines Verhaltensmusters durch verschiedene Figuren *(identical reactions)*

Interaktion *(interaction)*: Jede Äußerung einer Figur löst bei der Figur, an die diese Äußerung gerichtet ist, eine Reaktion aus. Sie kann non-verbal *(gestures, facial expression)* oder mit einer Äußerung ihrerseits reagieren. So nehmen die Figuren aufeinander Einfluss. Diesen Vorgang bezeichnet man als Interaktion.

Im Verlauf des Dramas wird zwischen einzelnen Figuren ein bestimmtes Muster *(pattern)* der Interaktion erkennbar, z. B. übernimmt eine Figur immer die dominante Rolle, die zweite Figur beugt sich der Dominanz.

Modernes Drama

Moderne Dramen thematisieren gelegentlich die Beziehungslosigkeit oder das Fehlen der Kommunikation *(absence of communication)* zwischen den Figuren. Hier kann das Fehlen einer Reaktion *(lack of response)* ein Anzeichen für die Art der Beziehung zwischen den Figuren sein.

Handlungsweisen, die zu einer Störung *(disturbed communication)* oder zum Scheitern der Kommunikation *(failure of communication)* führen, sind:

- Hinweis in den Bühnenanweisungen: *silence* oder *pause*
- Verhaltensweise im Gesprächsverlauf: *not to listen to* (nicht zuhören), *not to pay attention to* (nicht achten auf), *not to respond to* (nicht reagieren, nicht eingehen auf), *to ignore what s.o. says* (nicht eingehen auf), *not to reply to* (nicht erwidern, nicht antworten), *to be evasive* (ausweichend sein), *to intimidate s.o.* (jmd. einschüchtern)

ASTON. What happened when you got there, then?

Pause.

DAVIES. I used to know a bootmaker in Acton. He was a good mate to me.

(H. Pinter, *The Caretaker*, Act I)

Davies geht nicht auf die von Aston gestellte Frage ein, sondern wechselt kommentarlos das Thema. Im weitern Verlauf reden Aston und Davies aneinander vorbei *(talk alongside each other)*.

Lyrik

▶ Gedichte

Gedichte *(poems)* sind im Gegensatz zu Prosatexten in gebundener Sprache verfasst *(written in verse)*, d.h. in durch Versmaß *(metre)*, Rhythmus *(rhythm)* und Reim *(rhyme)* klanglich gestalteter Sprache. In der Regel sind sie in Versen *(lines)* und Strophen *(stanzas)* aufgebaut, die ein Reim miteinander verbindet.

Thematik und Ausdruckshaltung

Lyrik entsteht aus den unterschiedlichsten Anlässen heraus und beschäftigt sich mit einem breiten Spektrum an Themen. Bestimmte Themen und Formen sind abhängig vom Geschmack einer Epoche (z.B. Naturlyrik des 19. Jh.). Genauso wie jede andere literarische Gattung will die Lyrik den Lesern etwas mitteilen, sei es eine besondere Erkenntnis, sei es eine außergewöhnliche menschliche Erfahrung. Gesellschaftskritische, engagierte Lyrik hat darüber hinaus eine appellative Funktion: Sie will auf Missstände hinweisen und zum Handeln aufrufen.

Der Autor wendet sich durch das **lyrische Subjekt** *(speaker)* direkt oder indirekt an den Leser. Es ist nicht unbedingt mit dem Autor identisch. Wenn die Perspektive des **lyrischen Ichs** *(lyrical I)* benutzt wird, ist das lyrische Subjekt für den Leser erkennbar.

Vielschichtigkeit von Inhalt und Sprache

Gedichte koppeln ein Minimum an Umfang mit einer Vielzahl von Wirkungen. Sie wollen z.B. gleichzeitig

- das Besondere einer Person, eines Gedankens oder Erlebnisses hervorheben,
- die Sinneseindrücke (akustische und/oder optische) eines Moments dem Leser direkt vermitteln.

Die verschiedenen Gestaltungselemente eines Gedichtes sind aufeinander abgestimmt, um diese Gesamtwirkung zu erzielen.

Zusammenwirken der Gestaltungselemente

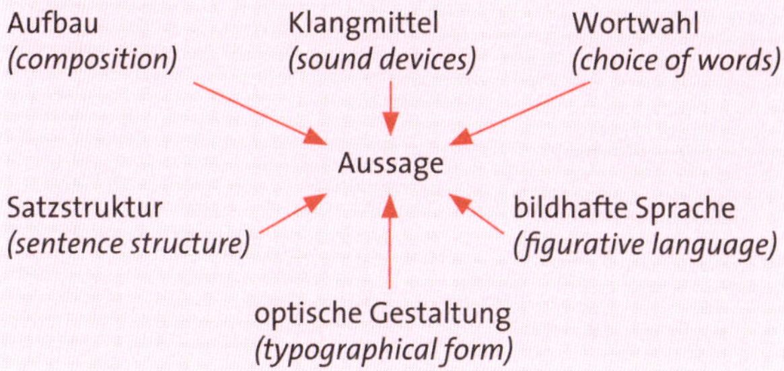

Strukturelle Merkmale wie Klangmittel, Satzstruktur usw. verstärken sich gegenseitig in ihrer Wirkung. Indem sie die Kernbegriffe des Textes hervorheben und miteinander verbinden, liefern sie wichtige Hinweise zur Deutung des Textes.

Aufbau von Gedichten

Strophen (*stanzas*) lassen sich nach der Anzahl ihrer Zeilen unterscheiden, z. B.:

- Zweizeiler *(couplet)*
- dreizeilige Strophe *(tercet)*
- vierzeilige Strophe *(quatrain)*
- fünfzeilige Strophe *(quintain)*
- sechszeilige Strophe *(sestet)*
- Achtzeilige Strophe *(octave)*

Das elisabethanische **Sonett** *(sonnet)* besteht aus drei vierzeiligen Strophen und einem Zweizeiler *(three quatrains followed by a couplet)*.

Die **Ballade** *(ballad)* unterscheidet sich durch ihre Darstellungsform von anderen Gedichten. Sie erzählt in gebundener Sprache von einem außergewöhnlichen Ereignis oder vom Leben einer besonderen Person; daher trägt sie auch die Bezeichnung *narrative poem*. Da die Ballade traditionell als Lied vorgetragen wurde, ist sie in einfachen Strophen aufgebaut und hat häufig einen Refrain *(refrain)*.

Klangmittel

Der **Reim** *(rhyme)* stellt Beziehungen zwischen Wörtern und Zeilen her:

Kreuzreim *(cross rhyme or alternating rhyme):*	▶ abab
Paarreim *(to rhyme in pairs):*	▶ aabb
umschließender Reim *(embracing rhyme):*	▶ abba
Schweifreim *(tail rhyme):*	▶ aabccb

Der **Rhythmus** *(rhythm)* resultiert aus einem regelmäßigen Muster der Betonungen pro Zeile. Er bestimmt das Tempo des Gedichts und lässt es z.B. Dynamik, Monotonie oder Ruhe ausstrahlen.

Die kleinste rhythmische Einheit ist der Versfuß *(measure, foot)*. Er besteht aus einer betonten Silbe *(stressed syllable x́)* und mindestens einer unbetonten Silbe *(unstressed syllable x)*.

Steigender Versfuß *(rising metre)*	**Fallender Versfuß** *(falling metre)*
Jambus *(iamb or iambic metre):* eine unbetonte und eine betonte Silbe: xx́	**Trochäus** *(trochaic metre):* eine betonte und eine unbetonte Silbe: x́x
Anapäst *(anapaestic metre):* zwei unbetonte und eine betonte Silbe: xxx́	**Daktylus** *(dactylic metre):* eine betonte und zwei unbetonte Silben: x́xx

Das **Metrum** (Versmaß) entsteht aus der Anzahl der Versfüße pro Zeile: zweifüßig *(dimeter)*, dreifüßig *(trimeter)*, vierfüßig *(tetrameter)*, fünffüßig: *(pentameter)*, sechsfüßig *(hexameter)*. Der von Shakespeare oft benutzte reimlose **Blankvers** *(blank verse)* ist ein fünffüßiger Jambus *(iambic pentameter)*.

Das Klangbild eines Gedichtes ist für die im Text vorherrschende **Stimmung** mitverantwortlich. Während die Häufung dunkler Vokale einen Text Trauer oder Hoffnungslosigkeit ausstrahlen lässt, unterstützen helle Vokale eher die Freude oder Leichtigkeit einer Aussage. Konsonanten wie *k, t, p* erzeugen einen harten Klang, während *l, m, n, w* den Eindruck von Glätte und Sanftheit hervorrufen.

Als **Lautmalerei** *(onomatopoeia)* bezeichnet man die Nachahmung akustischer Eindrücke durch klangähnliche Worte, z. B. "hissing" für lautes Zischen.

Klangfiguren ***(sound devices)***	**Beispiele**
alliteration (Alliteration; Wiederholung der Anfangskonsonanten)	"The Disease Detectives" (*Time*, Sept. 25, 2006)
anaphora (Anapher; Wortwiederholung zur Hervorhebung am Satz- oder Zeilenanfang)	"When we allow freedom to ring – when we let it ring from every city" (M. L. King, *I have a dream*)
assonance (Assonanz; Wiederholung der Vokallaute in der Wortmitte)	"A rolling stone"; "to face failure"; "a red dress"; "a live wire"
consonance (Konsonanz; Wiederholung der Mittel- und Endkonsonanten)	"She looked thin and wan." "I saw my life woven into patterns."
internal rhyme (Schlagreim; Reim aufeinanderfolgender Wörter in einer Zeile)	"Can the NEET Fight Defeat?" (*Time*, Oct. 3, 2005)

Satzstruktur *(sentence structure)*

Neben anderen Satzbaufiguren (↑S. 50) können Wörter durch ihre Stellung am Satz- oder Zeilenanfang bzw. -ende besonders hervorgehoben werden.
Unter **Zeilensprung** *(run-on line, enjambement)* versteht man den verzögerten Abschluss eines Satzes in der nächsten Zeile. Der erste Teil des Satzes erzeugt eine Erwartung *(she went = she left)*, die in der nachfolgenden Zeile enttäuscht wird:

> *Absentmindedly she* went
> On *piling plates in the cupboard.*

Die **Zäsur** *(caesura)* entsteht, wenn ein Satz mitten in einer Zeile endet. Sie unterbricht den Rhythmus der Zeile.

> *Let me not to the marriage of true minds*
> *Admit* impediments. *Love is not love (…)*
> (W. Shakespeare, *Sonnet 116*)

Wortwahl *(choice of words)*

Die Sprache der Dichtung weicht oft von der Alltagssprache ab: Es gibt nicht nur sprachliche Neubildungen, sondern auch ungewöhnliche Wortkombinationen, die Vermischung von *informal* (auch *slang*) und *formal language*, die Kombination moderner und veralteter *(archaic language)* Sprachformen und bildhafte Sprache *(imagery)*.

> thy *sons acclaim your glorious name* by gorry
> by jingo by gee by gosh by gum
> (E. E. Cummings, *Next to of course god)*

Optische Gestaltung *(typographical devices)*

Die Strophenform, Anordnung der Wörter nicht nur in horizontaler Richtung, Schriftgröße, Groß- und Kleinschreibung *(capitalisation)* sind Mittel, die Bedeutung eines Gedichts auf anschaulichem, visuellen Wege zu unterstreichen (z. B. in *shape poems, pattern poems* und *acrostic poems*).

3.5 Wichtige britische und amerikanische Autoren

Literatur bis 1900

- **Mittelenglische Literatur (1066–1500):** Nach dem Vorbild des *Decamerone* von G. Boccaccio schrieb **Geoffrey Chaucer** (1340–1400) die *Canterbury Tales* (1387–1400) in englischer Sprache.
- **Renaissance (16. Jh.):** Mit seinem philosophischen Werk *Utopia* (1516) begründete **Thomas More** (1477/78–1535) die englischsprachige utopische Literatur.
- **Zeitalter der Aufklärung (18. Jh.):** 1719 veröffentlichte **Daniel Defoe** (1660–1731) den ersten englischen Roman: *Robinson Crusoe,* 1722 die Lebensbeichte *Moll Flanders.* Mit Defoe, der noch in Anlehnung an die episodenhafte Struktur des spanischen Schelmenromanes schrieb, setzte die Entwicklung des englischen Romans ein.
  Jonathan Swift (1667–1745) verfasste die satirischen Reiseerzählungen *Gulliver's Travels* (1726).
- **Romantik (1798–1850):** Von **William Wordsworth** (1770–1850) und **S. T. Coleridge** (1772–1834) werden die an die mündlich überlieferten *popular ballads* angelehnten *Lyrical Ballads* (1798) veröffentlicht.
  Edgar Allan Poe (1809–1849) gilt als Wegbereiter des Kriminalromans (z. B. *The Murders in the Rue Morgue*) und der amerikanischen Short Story. Mit **Nathaniel Hawthorne** (1804–1864) begründete er die eigenständige amerikanische Literatur.
  Walt Whitman (1819–1892), amerikanischer Dichter, war leidenschaftlicher Verkünder demokratischer Ideen. Er führte den reimlosen *free verse* ein (z. B. *I Hear America Singing*).
  Emily Dickinson (1830–1886), zurückgezogene amerikanische Dichterin, verfasste Gedichte von zeitloser Aktualität.

William Shakespeares Dramen zählen zu den bedeutendsten Werken der Weltliteratur. Sie führten zu einer enormen Weiterentwicklung der Gattung des Dramas und beeinflussen Literaten bis heute. Über Shakespeares Leben selbst ist nur wenig bekannt. Einige Eckdaten:

1564	Geburt in Stratford-upon-Avon
1587–1610	Leben in London
1592	Erste Erwähnung als Schauspieler und Autor
1594–1612	Verfassung der Dramen
1599	Eröffnung des Globe Theatre, Shakespeare ist einer der Teilhaber
1609	Veröffentlichung der Sonette
1616	Tod in Stratford-upon-Avon

Elisabethanisches Zeitalter

Shakespeares Dramen sind u. a. stark geprägt vom Zeitalter ihrer Entstehung, der Herrschaft Elisabeths I. (1558–1603). Sie fällt in die von großen Veränderungen begleitete Zeitenwende zwischen Mittelalter und Neuzeit, die **Renaissance**. Zu den Veränderungen, die sich in seinen Dramen niederschlugen, zählen:

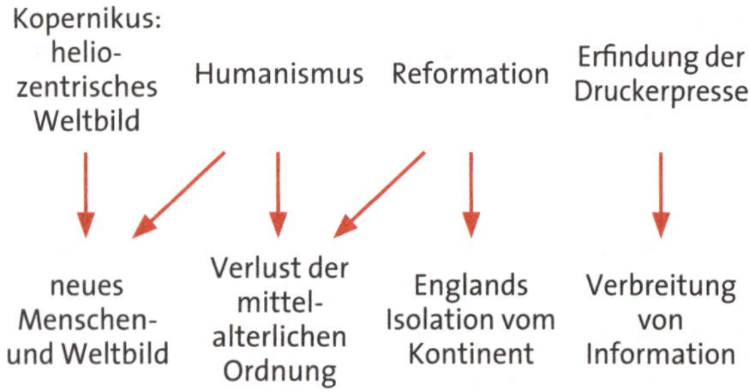

Shakespeare und das "New Drama"

Shakespeare verarbeitete historische Darstellungen und literarische Vorlagen zu Dramen, die, im Gegensatz zu den Werken seiner Vorläufer, eine zusammenhängende dramatische Handlung entwickeln. In den Tragödien weicht er vom klassischen aristotelischen Modell ab, indem er die Einheit von Ort, Zeit und Handlung aufgibt.

Neu war weiterhin, dass nicht Charaktertypen, sondern einfühlsam gezeichnete Individuen als Figuren auftreten. Die Konflikte und Motive der Figuren besitzen auch für den modernen Leser/Zuschauer noch Aktualität.

3

Dramen

Zu den mehr als 30 Dramen zählen Historienspiele, Komödien (z. B. *A Midsummer Night's Dream*), Tragödien (z. B. *Macbeth, Hamlet*) und romantische Stücke (z. B. *The Tempest*). Sie besitzen die Struktur eines Fünf-Akt-Dramas (↑ S. 77) und sind fast durchgängig in reimlosem *blank verse* (↑ S. 83) geschrieben. Es gibt kaum Bühnenanweisungen. Die Angaben zum *setting* werden im Bühnengespräch geliefert. Die Aufführungen fanden auf einer von allen Seiten einsehbaren Bühnenplattform ohne Kulissen statt.

Sprache

Die Sprache, die zur Zeit Shakespeares gesprochen wurde, war das ***Early Modern English***. Es weicht in vielen Fällen grammatisch und in der Bedeutung vom heutigen Englisch ab. Shakespeares Sprache ist reich an Bildern und *extended metaphors* (Metaphern, die sich über mehrere Zeilen erstrecken und stets um dasselbe Bild kreisen, z. B. *stage imagery* für das menschliche Leben).

- **Realismus (ab ca. 1840):** In seinen realistischen Romanen *Oliver Twist* (1837–1838), *Hard Times* (1854), *Little Dorrit* (1855–1857) u. a. beschrieb **Charles Dickens** (1812–1870) die gesellschaftlichen Missstände seiner Zeit. **William Thackeray** (1811–1863) porträtierte in dem Gesellschaftsroman *Vanity Fair* (1847–1848) Ehrgeiz und Geltungssucht.
- **Naturalismus (ab ca. 1890):** Die naturalistische Literatur stellt das menschliche Leben nicht als selbstbestimmt, sondern als Objekt gesellschaftlicher Kräfte, menschlicher Triebe oder der Natur dar. Vertreter sind z. B. der englische Autor **Thomas Hardy** (1840–1928), der zahlreiche Romane verfasste (z. B. *Tess of the D'Urbervilles* [1891]), oder der Amerikaner **Sinclair Lewis** (1885–1951) mit *Babbitt* (1922).

  George Bernard Shaw (1856–1950), irischer Dramatiker, leitete die Entwicklung des modernen englischen Dramas ein. Er verfasste mehrere gesellschaftskritische Stücke.

Dramatiker des 20. Jahrhunderts

Der erste bedeutende Dramatiker in der Geschichte der amerikanischen Literatur war **Eugene O'Neill** (1888–1953). Naturalistische Stücke: *Beyond the Horizon* (1920), *The Iceman Cometh* (1946), *Long Day's Journey Into Night* (1953).

Arthur Miller (1915–2005), amerikanischer Dramatiker und Drehbuchautor, gilt als Vertreter des Neuen Realismus und als Gesellschaftskritiker, der auch Bewusstseinsvorgänge in die Bühnendarstellung einbezog, z. B. in *Death of a Salesman* (1949).

Thornton Wilder (1897–1975), amerikanischer Autor, verfasste unkonventionelle Dramen in Anlehnung an den Expressionismus und das epische Theater, z. B. *Our Town* (1938) und *The Skin of Our Teeth* (1942).

Tennessee Williams (1914–1983), amerikanischer Dramatiker, befasste sich vor allem mit psychologischen Vorgängen. Die erfolgreichsten seiner Dramen wurden verfilmt (z. B. *Cat on a Hot Tin Roof*, *A Streetcar Named Desire*).

Harold Pinter (1930–2008), englischer Autor, ist Verfasser zahlreicher Kurzdramen, die sich mit Kommunikationsproblemen und sozialen Rollen auseinandersetzen.

Erzählliteratur des 20. Jahrhunderts

Die aus Neuseeland stammende Autorin **Katherine Mansfield** (1888–1923) legte in ihren zahlreichen Short Stories den Akzent weniger auf die äußere Handlung als vielmehr auf die Wahrnehmungen, Gedanken und Gefühle der Figuren und wählte dafür die Darstellungstechniken des *interior monologue* bzw. der *stream-of-consciousness technique* (↑S. 72).

3

Aldous Huxley (1894–1963) mit *Brave New World* (1932) und **George Orwell** (1903–1950) mit *Animal Farm* (1945) und *1984* (1949), beides britische Autoren, kleiden ihre Kritik an totalitären Systemen in die Form der Satire bzw. Anti-Utopie.

John Steinbeck (1902–1968) veröffentlichte etliche Kurzgeschichten sowie den realistischen Roman *The Grapes of Wrath* (1939), der die Auswirkungen der Weltwirtschaftskrise der 1930er-Jahre am Beispiel amerikanischer Wanderarbeiter darstellt.

Ernest Hemingway (1898–1961)

Der amerikanische Schriftsteller war wegweisender Verfasser zahlreicher Short Storys (↑S. 72). Für den Roman *The Old Man and the Sea* erhielt er 1954 den Nobelpreis für Literatur.

Bernard Malamud (1914–1986) beschreibt in seinen Kurzgeschichten die Auseinandersetzung jüdischer Einwanderer mit ihrer neuen Umgebung und ihr Bemühen um ein besseres Leben.

Janet Frame (1924–2004) gilt als die bedeutendste neuseeländische Schriftstellerin seit K. Mansfield. Sie verfasste mehrere Romane (z.B. *Living in the Maniototo* [1979]) sowie einen Gedichtband.

Salman Rushdie (geb. 1947), ein aus Indien stammender Autor, wurde mit dem postkolonialen Roman *Midnight's Children* (1981) bekannt. Sein Roman *The Satanic Verses* (1988) löste heftige Reaktionen in den islamischen Ländern aus.

John Updike (1932–2009), einer der bedeutendsten zeitgenössischen US-Autoren, analysiert in vielen Werken die amerikanische Gesellschaft, z. B. in *Terrorist* (2006).

Paul Auster (geb. 1947) zählt zu den erfolgreichsten amerikanischen Gegenwartsautoren. Seine postmodernen Romane beschreiben Identitätsprobleme sowie die Verlorenheit des Einzelnen in der modernen Gesellschaft, so z. B. in *Moon Palace* (1989) und *Sunset Park* (2010).

Hanif Kureishi (geb. 1954), ein in England lebender Autor, stellt in dem satirischen Werk *The Buddha of Suburbia* (1990) autobiografisch gefärbt das Leben als junger Halbpakistani im multikulturellen London dar. *Something to Tell You* (2008) spielt ebenfalls im multikulturellen Setting Londons.

Arundhati Roy (geb. 1961), eine indische Autorin, erzählt in dem Roman *The God of Small Things* (1997) von der Auflehnung einer Frau gegen das Kastenwesen.

Lyrik des 20. Jahrhunderts

E. E. Cummings (1894–1962), ein amerikanischer Autor, setzte die Ausdrucksmöglichkeiten typografischer Mittel ein.

Sylvia Plath (1932–1963), eine amerikanische Dichterin, stellte in bildhafter Sprache psychische Probleme dar.

Seamus Heaney (geb. 1939), ein zeitgenössischer irischer Dichter und Nobelpreisträger, knüpft an irische Mythen an.

Roger McGough (geb. 1937) ist einer der "Liverpool Poets", die in ihrer Dichtung Popmusikelemente verwenden.

Erzählliteratur zu Beginn des 21. Jahrhunderts

Don De Lillo (geb. 1936), ein preisgekrönter amerikanischer Autor italienischer Abstammung, thematisiert in seinem Roman

Cosmopolis (2003) die Folgen der Finanzkrise im März 2000. Ebenfalls gesellschaftspolitisch aktuell beschreibt der Roman *Falling Man* (2007) multiperspektivisch die Traumabewältigung von Überlebenden des Terroranschlags am 9. 11. 2001.

Ian McEwan (geb. 1948), ein britischer Autor, schildert in *Atonement* (2002) den Reifungsprozess einer Heranwachsenden. *On Chesil Beach* (2007) reflektiert über die Grenzen in der Beziehung eines jungen Ehepaares.

David Foster Wallace (1962–2008), amerikanischer Essayist und Autor von Kurzgeschichten, dessen unvollendeter Roman *The Pale King* (2008) posthum veröffentlicht wurde, thematisierte den Alltag innerhalb der US-Gesellschaft und Kultur. Seine Werke treten für Menschlichkeit und Aufrichtigkeit ein.

Jonathan Safran Foer (geb. 1977), ein amerikanischer Autor, lässt in *Everything is Illuminated* (2002) einen jungen amerikanischen Juden das Leben seines Großvaters in der Ukraine aufspüren. *Extremely Loud and Incredibly Close* (2005) macht die Geschichte eines Kindes zum Thema, das seinen Vater durch den Anschlag auf das World Trade Center 2001 verloren hat.

T. Coraghessan Boyle (geb. 1948), ein amerikanischer Autor von Short Stories (u. a. *After the Plague*, 2001; *Wild Child & Other Stories*, 2010) thematisiert in dem Roman *The Tortilla Curtain* (1995) die Situation illegaler Einwanderer in den USA.

3.6 Filmanalyse

Film

Der Film *(movies, motion pictures, flicks)* ist eine multimediale Kunstform, die sich über die schnelle Abfolge bewegter Bilder realisiert.

Filme sind eine Form der populären Unterhaltung, eine Kunstform und eine Industrie. Sie lassen sich in verschiedene Gattungen und **Genres** aufteilen. Die wichtigsten Filmgattungen sind:
- Spielfilm *(feature film)*
- Dokumentarfilm *(documentary film)*
- Kurzfilm *(short film)*
- Zeichentrickfilm *(animation film)*

Beim Spielfilm lassen sich zahlreiche **Untergenres** *(subgenres)* unterscheiden, z. B.: Actionfilm *(action film)*, Komödie *(comedy)*, Western *(western)*, Kriminalfilm *(thriller, mystery)*, Science-Fiction-Film *(science-fiction film)*, Horrorfilm *(horror film)*.

Jedes Genre verfügt über charakteristische Elemente und Stilmittel, durch die es sich von anderen unterscheidet. Zu welchem Genre ein Film gehört, lässt sich an den Inhalten *(story line, plot, characters)* und an den eingesetzten filmischen Stilmitteln und Darstellungsverfahren *(camera work, perspective usw.)* festmachen.

Immer häufiger entstehen Filme, die Elemente verschiedener Genres miteinander kombinieren. Der Film „The Matrix" (↑S. 96) enthält z.B. typische Elemente aus mindestens drei unterschiedlichen Genres: *science fiction film*, *action film* und *martial arts* (Kampfkunst) *film*.

Grundbegriffe der Filmanalyse

Die wichtigsten **filmischen Darstellungsverfahren** sind
- Einstellungsgröße *(field size)*
- Darstellungsperspektive *(camera positions)*
- Kameraführung *(camera movements)*
- Kameraperspektive *(camera angle)*
- Montage/Schnitt *(editing/montage)*

Die folgende Grafik zeigt verschiedene Einstellungsgrößen *(field sizes)*. Wichtig sind ihre unterschiedlichen Funktionen: So soll die Detailaufnahme *(detailed shot)* die Aufmerksamkeit des Betrachters auf ein bestimmtes Objekt lenken oder die Totale *(long shot)* die gesamte Umgebung zeigen.

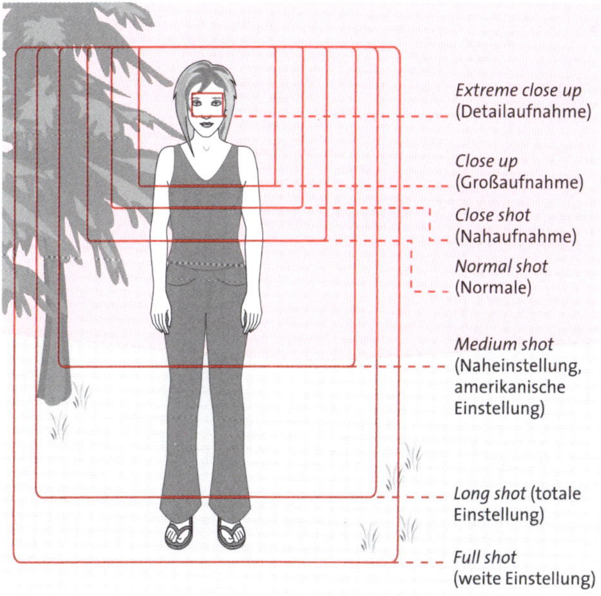

3

Die **Kameraführung** hat vor allem die Funktion, Bewegung ins Bild zu bringen. Ein bekanntes Beispiel ist die Kamerafahrt *(tracking shot)*, bei der die Kamera z. B. auf Schienen montiert ist und sich parallel zu einem Objekt (Pferd, Auto) bewegt. Andere Beispiele sind Schwenks *(vertical/horizontal pan)* oder Kranfahrten *(crane shot)*, bei denen die Kamera flexibel in alle Richtungen bewegt werden kann.

Kameraperspektiven ermöglichen den Perspektivenwechsel *(point of view)* durch die unterschiedliche Platzierung der Kamera. So kann in einem *point-of-view-shot/eye-level shot* die Kamera quasi an die Stelle der Augen einer Figur treten. In einem *overhead shot* erhebt sich die Kamera über die Szene und ermöglicht den Zuschauern einen *bird's eye view*.

Durch die **Montage** bzw. den **Schnitt** des Films werden die einzelnen Szenen in eine sinnvolle Reihenfolge gebracht und die Übergänge zwischen den einzelnen Szenen *(shots/takes)* gestaltet. Bekannte Montagetechniken sind die Rückblende *(flashback)* oder die Bildteilung *(split screen)*. Bekannte Filmübergangstechniken sind Auf- und Abblenden *(fade-in/fade-out)* oder Überblenden *(cross-fade)*, wobei eine Szene verschwindet, während die nächste Szene langsam auftaucht.

Neben der eigentlichen Bildsprache ist der Film noch durch den Einsatz von **Musik, Sprache** und **Geräuschen** geprägt. Diese Elemente sind den visuellen Eindrücken zwar nachgeordnet, beeinflussen die Rezeption durch ihre emotionale Ausdrucksstärke jedoch wesentlich.

Musik dient häufig der Schaffung von Stimmungen, wird aber auch oft zur Charakterisierung von Situationen oder Figuren eingesetzt. **Geräuscheffekte** *(sound effects)* verstärken oft die visuellen Eindrücke.

Filme analysieren

Filmanalyse in drei Schritten

Pre-viewing activities: Vor dem Betrachten des Films werden allgemeine Informationen gesammelt
While viewing activities: Handlungsabläufe und filmische Darstellungsverfahren werden analysiert.
Post-viewing activities: Der Film wird bewertet und eingeschätzt.

Pre-viewing activities

Im Rahmen der *pre-viewing activities* ist es sinnvoll, sich über den Film und seine **Hintergründe** zu informieren. Dabei können ein Filmlexikon oder spezielle Angebote im Internet hilfreich sein. Eines der umfangreichsten Angebote ist die "Internet Movie Database" (www.imdb.com).

Der Film kann vorläufig einem bestimmten Genre zugeordnet und es kann eine Liste der Filme des Regisseurs erstellt und auf besondere Merkmale untersucht werden. Von Interesse können auch das Herkunftsland, die Drehorte oder die Kosten des Films sein. Da jeder Film vor einem bestimmten historischen und sprachlich-kulturellen Hintergrund entsteht, ist es auch sinnvoll zu fragen, wann der Film gedreht wurde und welche Besonderheiten bei der Filmproduktion vorlagen. Auch die eigenen **Erwartungen** an den Film sollten einer Reflexion unterzogen werden.

While viewing activities

Der Schwerpunkt der *while viewing activities* sollte auf den wesentlichen **Handlungsabläufen** *(story line)* und den **filmischen Darstellungsformen** liegen. Sehr hilfreich beim Betrachten und Analysieren eines Films ist ein **Beobachtungsprotokoll** *(viewing log)*, in dem alle Analyseschritte notiert werden.

Fast alle Filme enthalten **Schlüsselszenen**, die für den gesamten Film von entscheidender Bedeutung sind. Die Bedeutung einer Schlüsselszene kann sich auf den Inhalt und/oder die filmischen Darstellungsverfahren beziehen.

Post-viewing activities

Post-viewing activities beschäftigen sich oft mit dem ganzen Film. Denkbar ist die zusammenfassende Diskussion der Themen und Fragestellungen, die ein Film aufwirft, oder die Bewertung seiner filmischen Darstellungsverfahren im Zusammenhang mit Inhalt und Charakteren.

Der Film „The Matrix“ (1999) von den Brüdern Andy und Larry Wachowski war einer der erfolgreichsten Filme der 90er-Jahre und gilt schon heute wegen seiner Mischung aus technischer Brillianz und thematischem Anspruch als Klassiker.

Pre-viewing activities

Die vorläufige Einordnung des Films nach bestimmten Kriterien wird vorgenommen.

While viewing activities

Beim Anschauen des Films sollte der Schwerpunkt auf dem Zusammenspiel von Handlungsentwicklung und filmtechnischen Verfahren liegen. Schlüsselszenen werden sowohl unter thematischen als auch technischen Gesichtspunkten analysiert.

Szenenanalyse

Szene 1 und 2 (DVD 0:0:40–0:1:20; 0:1:25–0:3:15)	
Welches sind die ersten audiovisuellen Eindrücke des Films?	→ *computer screen, blinking cursor, numbers, trace programme; dialling sound, dialogue Trinity – Cypher, music/noises*
Wie wird zur zweiten Szene übergeleitet?	→ *the number zero turns into a policeman's flashlight*
Mit welchen filmischen Mitteln wird die Dramatik der Szene erzeugt?	→ *lighting, speed of the action*
Szene 12 (DVD 0:37:06–0:42:33)	
Welche Ebenen von Realität und Virtualität existieren in „The Matrix“?	→ *the real world (machines, humans, Zion), the virtual world (agents, programmes, humanity, visitors)*

Einordnung des Films	
Zu welchem Filmgenre gehört „The Matrix"?	→ *science-fiction/action*
Welche Themen behandelt der Film?	→ *man versus machine, illusion and reality, virtual reality, a hero saving the world, religion*
Wodurch zeichnet sich „The Matrix" besonders aus?	→ *advanced special effects, martial arts*

3

Erstellen eines Beobachtungsprotokolls	
Was ist die *storyline* des Films?	→ *the chosen one must free humanity from the grip of the machines*
Welches sind die wichtigsten Charaktere des Films? Welche Bedeutung haben sie für den Film?	→ *Neo: the one, ordinary human being turns into superhero, becomes a savior* *Trinity: a uniting element between Morpheus and Neo* *Cypher: someone who's in doubt, a traitor*
Welches sind die intensivsten Szenen des Films?	→ *fight scenes/martial art scenes, Morpheus' interrogation and subsequent liberation*

Post-viewing activities

Die abschließenden Schritte der Filmanalyse können sich z. B. mit den Hauptfiguren, der „Botschaft", den religiösen Bezügen und Allegorien, der Darstellung von Gewalt und den Spezialeffekten des Films auseinandersetzen. Auch ein Vergleich mit einem Film, der ein ähnliches Thema behandelt, ist denkbar (z. B. *man versus machines* in „The Matrix" und „Blade Runner").

3.7 Bilder und Cartoons

Die Erschließung eines Bildes – z. B. einer Fotografie – oder einer Karikatur (*cartoon*) erfolgt in drei Schritten:

- Beschreibung
- Analyse
- Interpretation

Politische Karikaturen

Politische Karikaturen *(political cartoons)* üben Kritik an gesellschaftlichen und politischen Verhältnissen und Werten. Dabei bedient sich der Karikaturist *(cartoonist)* häufig bestimmter Stilmittel *(stylistic devices)*. Diese können sein: Symbole, Verfremdung oder Übertreibung *(hyperbole)*.

Beschreibung

In einem ersten Schritt geht es darum, den vorliegenden Cartoon bzw. das Bild oder Foto zu beschreiben, d. h., die dargestellte Situation soll vollständig erfasst werden. Im Idealfall kann man sich das Bild danach auch ohne die Vorlage zu kennen gut vorstellen. Geeignete Fragestellungen sind:

- What situation is depicted?
- Which are the central characters and objects?
- Is there any text included in the cartoon or beneath the picture? What information does it give?
- When and where was the cartoon/the picture first published?

Beispiel: The cartoon shows president Bush and Chancellor Schröder in a circus. Bush holds a whip in one hand and a jump ring in the other. He is dressed like a ringmaster or lion-tamer in a circus. Schröder sits on a circus pedestal reading a book called "Independence and American Virtue". Bush is rather agitated and orders Schröder to jump through the ring.

Analyse

Anschließend sollen die im Cartoon oder auf dem Bild verwendeten Stilmittel identifiziert und in ihrer Wirkung beschrieben werden. Hier ist auch beispielsweise der gesellschaftlich-politische Kontext eines Cartoons herauszuarbeiten. Geeignete Fragestellungen sind:

- What stylistic devices are used and what is their meaning?
- How are the characters depicted? To what kind of imagery are they linked?
- How do picture and text relate to each other?
- What context does the cartoon/the picture refer to?

Beispiel: The cartoonist uses a circus symbol or image to show the relation between the main characters. Bush is the ringmaster, Schröder one of the animals in the circus ring. The text also makes clear who is boss. The political context of the cartoon is American-German relationships, especially during the time of the Iraq war.

Interpretation

Abschließend geht es bei der Interpretation um die Bewertung der Karikatur oder des Fotos. Es wird eingeschätzt, ob und wie es dem Karikaturisten/Fotografen gelungen ist, sein Anliegen bzw. seine Kritik an den Leser zu vermitteln. Geeignete Fragestellungen sind:

- What effect does the cartoon/the picture have?
- Is the cartoon/the picture convincing?

Beispiel: The cartoon shows that Bush is not yet used to the German Chancellor not supporting America's foreign policy. He tries to force Schröder to support U.S. foreign policy. The cartoon succeeds in summing up the difficult German-American relationship at the time in question. This cartoon is a rather typical example of a political cartoon. It takes up a political conflict and both personalizes and dramatizes it. The statement the cartoon makes is clear and easy to understand.

4 Textproduktion

Wichtige Grundbegriffe

Clustering: ungeordnetes Sammeln spontaner Einfälle zu einem Thema	winter: cold – snow – ice – skiing – New Year
Mind-Mapping: Herstellen eines Beziehungsnetzes zwischen Begriffen zu einem Thema	winter → weather: cold, wet, snowy
Kreatives Schreiben *(creative writing):* Aufgabentyp, der auf die Produktion eines eigenen Texts abzielt	writing a story from a different point of view
Inhaltsangabe *(summary):* Wiedergabe der Kernaussagen eines literarischen oder Sachtextes in zusammenhängender Form	What is the text about?
Textinterpretation *(interpretation):* Untersuchung	
■ des Zusammenwirkens von Inhalt und Form zu der Gesamtaussage eines Textes,	What does the text say and how?
■ der Entstehungsbedingungen und ihrer Wirkung auf den Text,	What made the author write the text?
■ der Bedeutung des Textes für den Leser	What effect does the text have on the reader?

4.1 Schreibfertigkeiten und Methoden

Sichten und Sammeln der Inhalte

Das **Clustering** hilft, anfängliche Schreibblockaden zu überwinden und sich in ein neues Thema hineinzudenken. In einer Art Skizze werden spontan und ungeordnet zu einem Thema (im Kern) Begriffe gesammelt. Bei Bedarf werden weitere Kernbegriffe eingerichtet. So gewinnt man einen Überblick über das zum Thema bereits vorhandene Wissen und löst weitere Einfälle und Assoziationen zum Thema aus.

Beispiel für ein Cluster

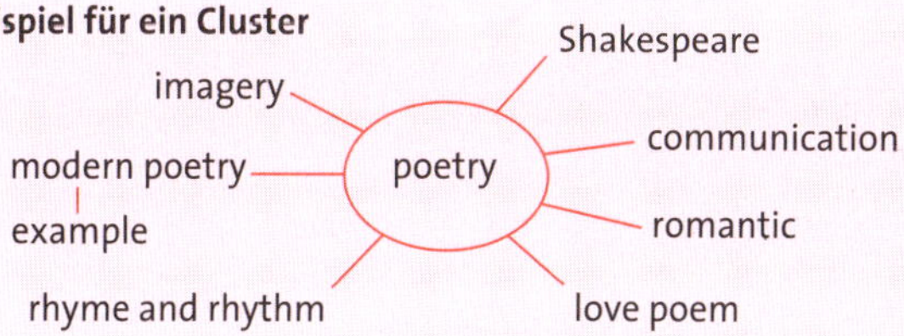

Das **Mind-Mapping** bietet sich zur visuellen Strukturierung des vorhandenen Materials und als Vorstufe der Gliederung an. Diese Form der Skizzierung bildet Abzweigungen, auf denen man die Begriffe in ihrer Beziehung zueinander anordnet, z. B. als Gegensätze, übergeordnete bzw. untergeordnete Begriffe, Ursache und Wirkung.

Die Anordnung auf einer Fläche lässt jederzeit Raum für Ergänzungen. Zuvor in der spontanen Sammlung fehlende Begriffe werden hinzugefügt; Hierarchien werden vervollständigt. Diese Übersicht hilft auch, den Schwerpunkt festzulegen, unter dem man das Thema untersuchen möchte, und zu entscheiden, welche Bereiche ausgeklammert werden.

Beispiel für eine Mind-Map

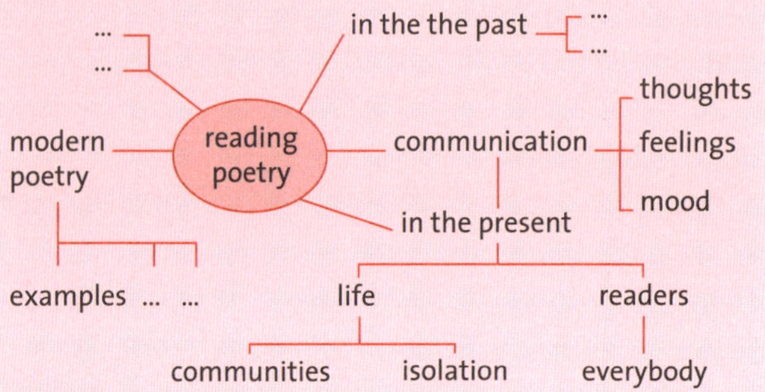

Die Gedanken für eine **Argumentation oder Erörterung,** z. B. zu der Frage *Would you agree that reading poetry is behind the times?*, sammelt man am besten in tabellarischer Form.

pros	**cons**
poems are hard to understand	modern poems can be fun to read because ...
...	...
...	...

Gliederung

Für selbst verfasste Texte, die an eine begrenzte Leserschaft (Mitschüler/Lehrer) gerichtet sind, gelten dieselben Kriterien der Lesbarkeit wie für wichtige Veröffentlichungen:

- Verständlichkeit
- logischer Aufbau
- Übersichtlichkeit durch Absatzbildung und Zwischenüberschriften

Die **Einleitung** hat die Funktion, den Leser mit dem Thema vertraut zu machen und ihm die grundlegenden Informationen an die Hand zu geben, die er zum Verständnis der weiteren Darstellung benötigt, etwa durch eine einleitende Definition des Themas oder Begriffs, der im Text untersucht werden soll.

Für längere Darstellungen, Stellungnahmen und Erörterungen sollte folgende Grobgliederung gewählt werden:

Introduction (Hinführung): Definition oder Erläuterung des Sachverhalts	▶	***Main part*** (Durchführung): Diskussion der unterschiedlichen Standpunkte	▶	***Conclusion*** (Schlussfolgerung) Zusammenfassung, Bewertung der These

Die Unterteilung in Absätze *(paragraphing):* Über die Grobgliederung hinaus wird die Durchführung in einzelne Aspekte bzw. Argumente unterteilt. Jeder Aspekt bzw. jedes Argument wird ausgearbeitet und, auch äußerlich sichtbar, durch einen eigenen Absatz eingegrenzt.

Jeder Absatz, d.h. jeder neue Gedanke einer Argumentation oder Untersuchung, wird durch einen ***topical sentence*** eingeleitet. Er enthält in der Regel die Hauptaussage des Absatzes. Aus ihm entwickeln sich in logischer Reihenfolge Erläuterungen, Einzelheiten oder auch Einschränkungen der Aussage *(general-to-particular structuring).*

Beispiel: "**Storytelling is a common pastime in Central Africa (…).** It is the way information is transferred from generation to generation. Children learn their culture by listening to members of older generations tell the stories that were handed down by their parents (…). Nobody knows exactly how old the stories are because they originated many generations ago." (C. Dresser, *The Rainmaker's Dog*)

Belegen am Text

Textuntersuchungen und Interpretationen müssen für den Leser nachvollziehbar und am Text überprüfbar sein. Jede Behauptung muss durch **Anführen von Beispielen** begründet sein. Feststellungen über den Text und seine Merkmale sollten, sofern es nicht um den Gesamteindruck geht, möglichst am Text belegt werden *(giving evidence from the text)* durch

- ein oder mehrere Zitate mit Angabe der Fundstellen,
- Nennung der Seite(n) und Zeile(n), auf die man sich bezieht,
- Nennung der Anfangs- und Endzeilen bei der Einteilung eines Textes in Sinneinheiten.

ÜBERBLICK: Formulierungshilfen für den Textnachweis

- ☐ a word/metaphor/sentence occurs/is used in line ...
- ☐ an example is to be found on page ...
- ☐ the first part runs from line ... up to line ...
- ☐ this is shown on/in ...
- ☐ this can be concluded from ...
- ☐ this becomes obvious/evident in .../when ...
- ☐ this is hinted at/suggested by the use of .../the expression ...

Das **Zitat** *(quotation)* ist die wortwörtliche Übernahme einer Formulierung aus einem Text (↑S. 176). Das Zitieren ist eine Technik, die besonders bei der Verwendung von Sekundärliteratur und bei der Interpretation von Texten benutzt wird. Es ist notwendig, um Feststellungen am Text zu belegen oder Kernbegriffe aus einem Text zu übernehmen. Wichtig sind:

- die Verwendung von Anführungszeichen *(quotation marks)*
- die Angabe der Fundstelle
- die Kennzeichnung der Auslassung durch "(...)"

Beispiele: Ben thinks he is "deaf to all warnings" (p. 2, l. 22). In lines 3–9 the text says, "The red car (...) came to a halt."

4.2 Textuntersuchung

Gegenstand einer Textuntersuchung ist die Analyse der Bezüge, in die jeder Text eingebettet ist. In der Regel wird einer dieser Bezüge als Untersuchungsschwerpunkt gewählt.

Der **Sinnzusammenhang** ist der Bezug der sprachlichen Zeichen zueinander. Er wird bei der textzentrierten Untersuchung von Thema, Inhalt, Aufbau und Sprache des Textes erschlossen (Textanalyse ↑S. 48 ff.).

Unter dem **Wirklichkeitsbezug** versteht man die Art und Weise, in der ein Text einen Sachverhalt, ein Problem oder Ereignis außerhalb des Textes wahrnimmt. Anhand dieser Untersuchung lassen sich die Einstellung des Autors sowie die Tendenz des Textes feststellen. Wichtige Fragestellungen sind: Inwieweit orientiert sich der Text an den Tatsachen? Findet eine Auswahl der Fakten oder eine Bewertung statt?

Mit dem **Entstehungszusammenhang** sind der zeitgeschichtliche Hintergrund sowie Lebensumstände des Autors gemeint, welche die Beschaffenheit eines Textes geprägt haben. Dieser Untersuchungsschwerpunkt verlangt die Einbeziehung von Zusatzinformationen außerhalb des Textes.

Zum Nachvollziehen des **Leserbezugs** werden Sprache und Aufbau des Textes auf Stellen hin untersucht, an denen der Autor Einfluss auf den Lesevorgang oder die Meinung des Lesers nimmt. Motive und Absichten, mit denen sich der Autor an den Leser richtet, werden aufgespürt. Anhaltspunkte sind etwa direkte/indirekte Appelle, Provokation, Zurückhalten von Informationen, Andeutungen, alle Formen der Hervorhebung.

Das ***summary*** (Inhaltsangabe) verschafft einen Überblick über die wesentlichen Zusammenhänge eines Textes und reduziert seinen Inhalt auf den **Textkern.** Ziel ist es, ein Optimum an Inhalt durch ein Minimum an Worten auszudrücken. Die Inhaltsangabe kommt weniger zustande durch reines Auslassen von Textteilen als vielmehr durch:

- präzise und treffende Formulierungen
- Wiedergabe satzübergreifender Zusammenhänge
- raffende Darstellung

Vorab erfolgt die gründliche Lektüre des Textes, um sich über den Textinhalt zu informieren (Textverständnis ↑S. 54). Nur für das Gesamtverständnis wichtige unbekannte Wörter müssen im Wörterbuch nachgeschlagen werden.

Narrative und dramatische Texte

Textverständnis

1 Kern der Handlung

Hauptfiguren sowie Ort und Zeit der Handlung werden festgestellt. Die Art der Handlung wird in einem selbst formulierten Satz bestimmt.

2 Handlungsstruktur

Der Text wird visuell strukturiert: Durch Markierung unterteilt man die Handlung in Sinneinheiten, indem man eine Abfolge von Detailhandlungen zu übergeordneten Handlungsschritten zusammenfasst. (Wechsel von Handlungsort und -zeit zeigen immer eine neue Handlungsphase an.) Das Geschehen jeden Handlungsschrittes wird in selbst formulierten Sätzen festgehalten.

Textproduktion	
Einleitung ■ Autor, Titel, Art des Textes, Art der Handlung ■ Hauptfiguren ■ Ort und Zeit	The short story *A Day's Wait* by E. Hemingway deals with a misunderstanding and its consequences. The only characters in the story are … Most of the story takes place in …
Hauptteil Handlungsschritte, chronologisch oder kausal verknüpft	One morning the boy wakes up with a fever and has to stay in bed. The doctor comes and tells him that his temperature is 103 degrees. While the father stays with the boy in his room he keeps wondering about his son's absent-minded behaviour. At eleven o'clock the father leaves …
Schluss Zusammenfassung des Textendes	After he has been explained the misunderstanding the boy loosens the control over his reactions.

Sprachliche Gestaltung

Folgende Punkte sind bei der sprachlichen Gestaltung eines *summarys* zu beachten:

- Das *summary* einer Ich-Erzählung wird in der unbeteiligten 3. Person Singular ausgedrückt: *the father* statt *I*.
- Es enthält keine Deutungen, Wertungen oder persönlichen Meinungsäußerungen.
- Es wird, bis auf Kernbegriffe, möglichst **in eigenen Worten** formuliert (→ Verwendung von Synonymen/übergeordneten Begriffen).
- Es wird im ***present tense*** geschrieben (*present tense* ersetzt die Erzählzeit *past tense*).

Argumentative Sachtexte

Textverständnis

1 Thema
Das Thema des Textes wird festgestellt und in eigenen Worten festgehalten.

▼

2 Textstruktur
Der Text wird in seine Sinneinheiten oder gedanklichen Schritte unterteilt. Dabei wird die Hauptthese des Autors herausgesucht. Der Kerninhalt jeder Sinneinheit (z. B. Begründung, Beispiel, statistische Angaben) wird in einem selbst formulierten Satz festgehalten.

Textproduktion

Einleitung Autor, Titel, Art des Textes, Thema, Nennung der Hauptthese	The report *The Effects of Unemployment* by Melanie Phillips was published in 1992. It is an investigation into how being out of work can affect a person. The author's main thesis is …
Hauptteil Wiedergabe des Argumentationsverlaufs: gedankliche Schritte, chronologisch, logisch und kausal verknüpft	To begin with the author points out the benefits of having a job. She continues by describing … In the second part she turns to …
Schluss Zusammenfassung des Textendes	The text ends with Professor Piachaud's conclusion on the work ethic.

Sprachliche Gestaltung

Vorzeitige Handlungen werden in einer Vergangenheitsform ausgedrückt: *The article analyses the law which **was passed** in May.*

Zukünftige Handlungen werden durch das *will-future* oder eine Wendung mit futurischer Bedeutung ausgedrückt: *The author assumes that the G8 summit **will help** finding a solution. He states that an expert meeting **is about to be called.***

Wörtliche Rede wird, falls sie für das Verständnis wichtig ist, als **indirekte Rede** wiedergegeben: *"When exactly did the experts meet?"* → *The reporter asks when exactly the experts meet.*

Zu vermeiden sind: Beispiele, Wiederholungen, bildhafte Umschreibungen: *He made a mountain out of a molehill.* → *He exaggerates.*

Die **gedankliche Struktur** eines Sachtextes lässt sich durch Verben des Sagen, Meinens und Denkens präzise wiedergeben:

to introduce (into), to begin by
to talk about, to inform about
to analyse
to describe, to give a description of
to raise a question
to continue by, to proceed by
to point out that, to emphasize that
to argue that, to raise arguments for/against
to list, to name, to sum up, to give a survey of
to warn of, to doubt if, to criticize
to complain about ↔ to appreciate s.th.
to claim, to state
to demand, to ask for
to draw the conclusion that

4

Aufgaben zur Textuntersuchung

Eine gelungene Bearbeitung von Aufgaben zur Textuntersuchung setzt drei Faktoren voraus:

Textverständnis Vollständige und richtige Erfassung des Textinhaltes (↑S. 54)	**Fachkenntnisse** Im Unterricht erworbene Methoden und Sachkenntnis	**Verständnis der Aufgabenstellung** Was ist das Ziel der Aufgabe?

Verständnis der Aufgabenstellung

Um sicherzugehen, dass man eine Aufgabenstellung wirklich richtig erfasst hat, sollte man Folgendes prüfen:

- **Wortlaut der Aufgabe:** Ist der Wortlaut der Aufgabe richtig verstanden worden? Bei Unklarheiten ist unbedingt das Wörterbuch zu befragen.
- **Unterrichtsinhalte:** Auf welche Inhalte und Methoden der letzten Unterrichtseinheit bezieht sich die Aufgabe? In welcher Weise lassen sie sich auf den vorliegenden Text anwenden? Hier kann man wichtige Dinge noch einmal Revue passieren lassen.
- **Eingrenzung:** Was gehört *nicht* in diese Aufgabe? Auch während der weiteren Bearbeitung ist es wichtig, darauf zu achten, dass man beim Thema bleibt und nicht abschweift.

Verständnisfragen

Verständnisfragen *(comprehension questions)* haben vor allem eine vorbereitende Funktion für alle nachfolgenden Aufgaben im Rahmen einer Textuntersuchung. Sie führen in das Thema ein, überprüfen das Textverständnis und lenken den Blick auf wichtige inhaltliche Details.

Textverständnis

Textverständnis bedeutet das Verständnis der expliziten oder Oberflächenbedeutung eines Textes, d.h. das Verstehen der im Text dargestellten Handlungen, Gegenstände und Sachzusammenhänge (↑S. 54).

Das Textverständnis zielt noch nicht auf die implizite Bedeutung eines Textes, d.h. die Absicht des Autors, die Bedeutung der benutzten sprachlichen Bilder, die Wirkung auf den Leser. Deutungen und Bewertungen gehören nicht in die Bearbeitung einer Verständnisfrage.

Anforderungen einer Verständnisaufgabe können sein:

- Zusammenfassung unter einer Leitfrage
- Zusammenstellung von Hauptthesen des Textes
- Erläuterung von Schlüsselbegriffen oder -aussagen
- Einordnung eines Textes in den historischen oder in einen übergeordneten Zusammenhang
- eigene Textproduktion zum Nachweis des Textverständnisses, etwa die Umformulierung eines Shakespeare-Monologs in modernes Englisch

Arbeit am Text

Alle für die Verständnisfragen relevanten Textstellen werden markiert, damit kein wichtiges Detail übersehen wird. Da in der Regel mehrere Aufgaben gestellt werden, ist es sinnvoll, für jede Frage eine andere Farbe oder Strichart zu benutzen.

Bei der Niederschrift der Antwort ist wortwörtliches Abschreiben der markierten Textstellen unbedingt zu vermeiden. Die Zusammenfassung unter einer Leitfrage sowie die Hauptthesen des Autors werden sinngemäß möglichst in eigene Worte gefasst. Die vom Autor benutzten Schlüsselbegriffe kennzeichnet man mit Anführungszeichen.

Analyseaufgaben

Analyseaufgaben verlangen die Anwendung der im Unterricht vermittelten Untersuchungstechniken auf einen bisher unbekannten Text. Je nach Textsorte und Textbeschaffenheit können bei der Untersuchung von Sachtexten z. B. folgende Fähigkeiten überprüft werden:

- Anwendung des entsprechenden Fachvokabulars
- Bestimmung der Textart anhand ihrer Merkmale
- Beschreibung der Textstruktur
- Beschreibung des Layouts
- Bestimmung der Stilmittel und Beschreibung ihrer Wirkung
- Untersuchung der Sprache: Feststellung der verwendeten Sprachebene und der vorherrschenden kommunikativen Funktion
- Unterscheidung zwischen Tatsachenvermittlung und Kommentar

Text: **H'wood Rivals Do the Splits** *(headline)*

Two studios can tango, but will the uneasy partners keep dancing? *(subheading)*

In "Air Force One", rival Russian and American commandos team up for a tense raid (…). The scene could serve as a metaphor for (…)

(*Variety*, Aug. 3, 1997)

Aufgabe: What does the language suggest about the type of article the reader is to expect?

Arbeitsschritte:

- Markieren und Sammeln der sprachlichen Merkmale: *figurative language, extended metaphor, comparison, comment on events*
- Aufstellung der These: "The article is a news story, because it comments on events in ..."
- Begründung der These an Beispielen

Evaluationsaufgaben

Das Ziel von Evaluationsaufgaben ist eine kritische Bewertung und Stellungnahme. Sie kann in folgenden Formen verlangt werden:

- Zusammenfügung der bisherigen Untersuchungsergebnisse zu einer abschließenden Beurteilung des Textes (z.B. Wird der Text dem Thema gerecht? Beeinflusst er den Leser zu sehr?)
- Einordnung der Position des Autors in das Spektrum der Meinungen zum Thema
- persönliche Stellungnahme zur Gesamtaussage des Textes oder zu einer bestimmten These (z.B. *Discuss the author's statement that …/Comment on the opinion voiced by …*)
- eine Aufgabe des *creative writing* (↑S. 124)

Arbeitsschritte:

- Sammlung der Fakten und Argumente
- Skizzierung der Argumentation in einer Gliederung

Aufbau: Der Aufbau der Stellungnahme entspricht der einer Erörterung.

- **Einführung in die Fragestellung** (je nach Ausgangspunkt der Stellungnahme z.B. durch eine Begriffsdefinition oder eine Zusammenfassung der Meinung des Autors)
- **Entwicklung der Argumentation** (Entwicklung und Begründung jedes Arguments in einem Textabsatz (*paragraphing* ↑S. 103); Berücksichtigung gegenteiliger Meinungen; Anordnung der Argumente nach ihrer Wichtigkeit)
- **Schlussbetrachtung**

Sprachliche Gestaltung: Verbindung der gedanklichen Schritte durch Satzverknüpfungen (z.B. Begründung, Folgerung) (↑S. 19).

Aufgaben zur Literaturinterpretation

Die textzentrierte Literaturinterpretation untersucht das Zusammenwirken von Sachinhalt, Aufbau und Sprache eines Textes zu einer Gesamtaussage.

Erfassen der Textaussage

Hilfen zur Erfassung der Textaussage stellen die vom Autor verwendeten **Techniken der Hervorhebung** dar. Nachdem man sich eine Überblick über den Inhalt des Textes verschafft hat, achtet man gezielt auf **Wiederholungen** und die **Stellung** bestimmter Informationen. Besonders die am Textanfang oder -ende gelieferten Informationen steuern das Verständnis des Lesers (↑S. 105).

Untersuchung einer Schauplatzbeschreibung

Der Schauplatz in fiktionalen Texten ist zunächst einmal Handlungsort, Bestandteil des *setting*. Darüber hinaus kann er aber auch verschiedene bedeutungstragende Funktionen ausüben.

Im folgenden Textbeispiel hat der Ort eine **sinnbildliche Funktion** *(symbolic function)*. Als besonderes Merkmal dieser Beschreibung sind eine Reihe von Details erkennbar, die konnotativ mehrfach die Ideen <u>distance (Entfernung)</u> and *isolation (Abgeschlossenheit)* ausdrücken:

Beispiel: "The nearest town to the *prison farm* is <u>twenty miles away</u>. Many *forests of pine trees stand between* the farm and the town, and it is in these forests that the convicts work; they tap for turpentine. The *prison* itself is *in a forest.* You will find it there <u>at the end</u> of a red rutted road, *barbed wire* sprawling like a vine over its walls." (T. Capote, *The Diamond Guitar*)

Von Anfang an soll der Leser auf die Entfernung des Schauplatzes von der Gesellschaft und vom normalen Leben thematisch eingestimmt werden. Das normale Leben außerhalb der Gefängnismauern wird sich für die Hauptfigur als unerreichbar herausstellen. Auch dieser Gedanke wird in der Beschreibung schon durch ein Symbol angedeutet: “a red rutted road” als Sackgasse, als Endstation des Lebens für die Häftlinge.

Andere Fragestellungen, unter denen der Schauplatz einer fiktionalen Handlung untersucht werden kann, sind:

- Werden durch wechselnde Schauplätze Gegensätze geschaffen, z. B. zwischen *city/country, the far/the near, the outside/the inside, native country/foreign country?*
- Wie empfinden die Figuren den Schauplatz?

Untersuchung der Erzählperspektive

Wichtig für die Interpretation eines literarischen Textes ist auch die Bestimmung und Untersuchung der vorliegenden Erzählsituation (↑ S. 69). Im folgenden Textausschnitt wird von einem personalen Erzähler aus der Sicht der Hauptfigur Laura erzählt. Der Leser begegnet Lauras Eindrücken, Gefühlen und Gedanken *(internal action)* und lernt nur den von ihr wahrgenommenen Ausschnitt der äußeren Handlung *(external action)* kennen.

Beispiel: “Oh, to be away from this! *She actually said, 'Help me, God,' as she walked up the tiny path and knocked.* To be away from those staring eyes, or to be covered up in anything, one of those women's shawls even. I'll just leave the basket and go, she decided. I shan't even wait for it to be emptied.
Then the door opened. A little woman in black showed in the gloom.” (K. Mansfield, *The Garden-Party*)

Instead of offering the broader view, including the neighbour's death or the reaction of the dead man's wife, the story limits its point of view to Laura's impressions of the day. This allows the reader to look more closely at Laura's feelings and reactions. In this particular passage the reader is directly told what is going on in Laura's mind. So he is able to witness Laura's feelings and impressions when she is paying a visit to the dead neighbour's family. Laura's thoughts reveal her deep embarrassment (l. 3). She feels extremely uncomfortable and almost regrets having come to the cottage in a party dress (l. 1). In her mind she is already planning how to leave the scene (ll. 4/5).

Untersuchung eines satirischen Textes

Satire *(satire)*

Die Satire ist eine Kunstgattung, die durch Übertreibung, Ironie, Anspielungen oder Spott versteckte Kritik an Personen, Institutionen oder Zuständen übt.

Stilmittel eines satirischen Textes sind oft: **rhyme and rhythm,** hyperbole and irony *(saying the opposite of what is true), ambiguity (having more than one meaning),* simile *(absurd and unsuitable to the purpose).*
Beispiel: "Golbasto Momaren Evlame Gurdilo Shefin **Mully Ully Gue**, most Mighty Emperor of Lilliput, Delight and Terror of the Universe, (…) Monarch of all Monarchs: Taller than the Sons of Men; *whose Feet press down to the Center,* and whose Head strikes against the sun: At whose Nod the Princes of the Earth shake their knees; *pleasant as the Spring, comfortable as the Summer, fruitful as Autumn, dreadful as Winter.*"
(J. Swift, *Gulliver's Travels*)

The author uses typical devices of satire – mockery, irony and hyperbole – in order to ridicule the emperor's vanity. Golbasto's inflated title stands in contrast to his actual size and insignificance. Besides, it talks of power rather than of the emperor's responsibilities as a ruler. The rhyme and rhythm used at the end of the name make it sound ridiculous.

4.3 Aufbau eines Interpretationsaufsatzes

Nach sorgfältigem Durchlesen und optischer Strukturierung des Textes (↑S. 53) notiert man die Aspekte des Textes, die in die Interpretation einfließen sollen (z. B. in einer Mind-Map ↑S. 102). Erst danach sollte man mit der genauen Gliederung und Niederschrift der Interpretation beginnen.

Sowohl ein selbstständig aufgebauter Interpretationsaufsatz als auch eine Interpretation, die mithilfe einer gegliederten Aufgabenstellung entsteht, orientieren sich in ihrem Aufbau an den drei Untersuchungsschritten:

Inhalt ▶ Form und Wirkung ▶ Bewertung

Inhalt

An erster Stelle steht die **Einleitung** mit einer Inhaltswiedergabe. Die Beschreibung des Textes

- nennt Autor, Titel, Fundort, Erscheinungsjahr, Art des Textes, manchmal auch Art des Textausschnittes,
- erläutert, worum es in dem Text geht,
- fasst den Inhalt zusammen (Wiedergabe von Ausgangssituation, Entwicklung und Schluss).

Form und Wirkung

Der **Textaufbau** gliedert sich wie folgt:

- Beschreibung der Textaufteilung in Sinn- oder Handlungsabschnitte
- Wiedergabe der Kerninhalte jedes Abschnitts *(line of argument, development of the action)*

Die **Sprachanalyse** und die **Untersuchung der Darstellungsform** greifen ineinander. Sie müssen in der Interpretation nicht nacheinander (wie hier) beschrieben werden, sondern können auch gebündelt behandelt werden.

Sprachanalyse: Beschreibung sprachlicher Auffälligkeiten, die das Anliegen des Textes verdeutlichen:
- Satzbau (Art der Sätze, Wortstellungsfiguren)
- Sprachebene und Wortwahl
- Bildhaftigkeit der Sprache *(symbols, similes, imagery)*
- Klangfiguren *(alliteration, rhyme, onomatopoeia)*

Darstellungsform:
- **Perspektive:** Ist der Erzähler/Sprecher persönlich betroffen oder unbeteiligt? Hat er Einblick in alle Einzelheiten oder ist seine Sicht eingeschränkt? In welcher Verfassung befindet sich der Sprecher? Ist die Perspektive zeitlich versetzt?
- **Anordnung** der Informationen oder Ereignisse: Chronologisch, oder wurde die zeitliche Reihenfolge umgestellt? Wird das Wichtigste hervorgehoben?
- **Auswahl** der Information: Wurde ein Schwerpunkt ausgewählt oder sind die Informationen allgemeiner Natur? Welche Aspekte fehlen?
- **Tendenz:** Sie lässt sich anhand der drei Merkmale Perspektive, Anordnung und Auswahl bestimmen. Ist die Darstellung sachlich oder ergreift sie Partei? In welche Richtung tendiert der Text?

Textaussage und Absicht des Autors:
Die Ergebnisse der Punkte „Textaufbau“ und „Darstellungsform“ werden zusammengefasst und münden in die wichtigste Schlussfolgerung der Interpretation:
- Welche Beziehung baut der Autor zum Leser auf?
- Was will er beim Leser erreichen?
- Welche Vorstellung oder Erkenntnis, welchen Gedanken will der Autor dem Leser vermitteln?

Bewertung

Zum Schluss gibt man eine persönliche Stellungnahme zur Gesamtaussage oder ihrer Einzelaspekte aus eigener Sicht. Folgende Gesichtspunkte können einfließen: persönliche Erfahrung, Entstehungshintergrund des Textes, Vergleich mit themenverwandten Texten.

4.4 Charakterisierung literarischer Figuren

Die Eigenschaften einer Figur *(characteristics)* umfassen das Spektrum ihres Verhaltens, Denkens und Fühlens sowie ihre äußere Erscheinung. Folgende Aspekte können in die Charakterisierung aufgenommen werden:

ÜBERBLICK: Figurencharakterisierung

General Information

- ☐ name, age, outward appearance; social/family background
- ☐ the character's function in the play: main or minor character, protagonist/antagonist
- ☐ his/her voice, language, way of speaking
- ☐ his/her motives and intentions in the play
- ☐ his/her relationship to other persons (e.g. friendship)
- ☐ his/her dispositions and tendencies (Neigungen)
- ☐ his/her personal traits (Charakterzüge, e.g. weak/sensitive/ambitious/reliant/rebellious)

The character's influence on the action

- ☐ In which scene does he/she play an important part?
- ☐ What group does he/she belong to or support?
- ☐ Does his/her position among the characters change in the course of the play?

ÜBERBLICK: Figurencharakterisierung *(Forts.)*

The character's development

- ☐ Does the character undergo a change?
- ☐ What stages does his/her development fall into?

Evaluation

- ☐ Give your personal opinion on the character's decisions and behaviour
- ☐ Are his/her reactions and decisions appropriate and justifiable?
- ☐ Might he/she have prevented the outcome?

Die Charakterisierung literarischer Figuren basiert ausschließlich auf den Figurenmerkmalen, die aus den vom Text gelieferten Informationen hervorgehen. Man unterscheidet zwischen Haupt- und Nebenfiguren *(main or minor characters)*.

Reaktionen *(reactions)* sind ein Merkmal, das die Eigenart einer Figur ausmacht. Man unterscheidet zwischen **verbalen** und **nonverbalen Reaktionen.** Die Reaktion der Figuren auf eine bestimmte Situation lässt sich nicht nur anhand der sprachlichen Äußerungen ablesen. Im Drama zeigen sich Enttäuschung, Freude, Trauer, Hoffnung usw. auch an Körperhaltung, Gestik, Gesichtsausdruck, Stimmführung, sogar am Schweigen einer Figur (Bühnenanweisungen).

Oft wird die Technik der **Kontrastierung** in literarischen Texten verwendet. Dazu werden verschiedene Personen mit ein und derselben Situation konfrontiert. Die Unterschiede und Parallelen in ihren Reaktionen kann der Leser mithilfe eines Vergleichs feststellen.

Die **Ziele, Motive** und **Absichten** *(aims, motives and intentions)* der Hauptfiguren sind oft Handlungsauslöser und treiben die

Handlung auch weiter voran. Sie werden von den Figuren selbst im Dialog geäußert oder gehen, wie im folgenden Bespiel, aus der Bewusstseinswiedergabe in Erzähltexten hervor.
Beispiel: "Escape! She must escape! Frank would save her. He would give her life, perhaps love, too. But she wanted to live. Why should she be unhappy? She had a right to happiness." (J. Joyce, *Eveline*)

Im Zusammenhang mit den Triebkräften der Handlung kann auch untersucht werden, wie stark eine Figur den Handlungsverlauf beeinflusst. Je stärker sie den Kurs der Handlung steuert (oder blockiert), desto größer ist ihre Bedeutung für den Text.

Die **Entwicklung** *(development)*, die die Hauptfiguren durchlaufen, lässt sich von der Ausgangssituation an in einzelne Phasen unterteilen. Im Roman entfaltet sich häufig die langsame, von mehreren Faktoren beeinflusste Entwicklung *(gradual development)*. Im Kurzdrama und in der Short Story wird oft die abrupte Veränderung *(abrupt change)* dargestellt, die in einer Entscheidungs- oder Schocksituation ihren Auslöser hat.

Eine Untersuchung der Veränderungen in einer Person setzt folgende Arbeitschritte voraus:

- die Zusammenstellung der Ursachen für die Veränderung,
- die Sammlung wichtiger Textstellen, an denen die Veränderung ablesbar ist.

Figurenkonstellation

Figurenkonstellation ist die Bezeichnung für die Beziehungen und Positionen, die sich zwischen den Figuren eines literarischen Textes herausbilden. Die Figuren lassen sich in der Regel Gruppierungen mit übereinstimmenden oder gegensätzlichen Zielsetzungen zuordnen. Oft sind die Handlungen einer Figur nur durch ihre Stellung innerhalb der Gruppe erklärbar.

Um sich das Beziehungsnetz bewusst zu machen, ist eine schematische Darstellung wie die folgende oft hilfreich.

Die Figurenkonstellation in Shakespeares *Romeo and Juliet*

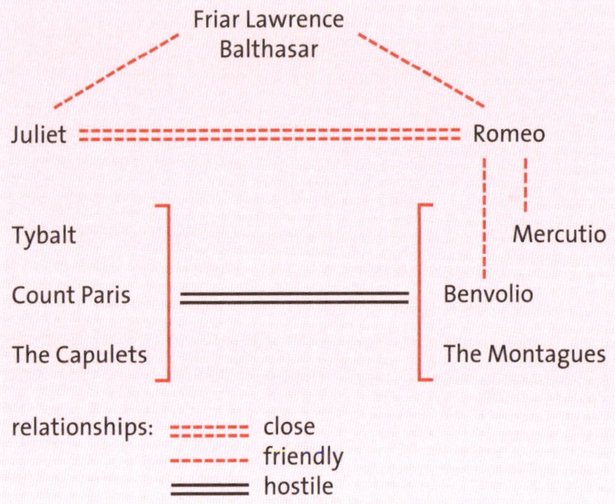

Die Skizze veranschaulicht das Kräfteverhältnis und das Gruppierungsmuster im Figurenensemble. Mögliche Konstellationsformen sind:

- Rangordnung *(hierarchy)*, geprägt durch Dominanz und Unterordnung
- Rivalität *(rivalry)*

Zur Charakterisierung gehört die Feststellung, zu welcher Gruppierung eine Figur gehört, für wen sie Partei ergreift, ob sie Anführer oder Vorbild ist, oder ob sie eine Außenseiterrolle spielt. Außerdem ist zu untersuchen, ob sich im weiteren Handlungsverlauf die Konstellation und die Position einer Figur verändert.

Beziehungen zu bestimmten Figuren *(relationships)* einen Teilbereich der Figurenkonstellation dar. Die E lungen *(attitudes)* und Beziehungen einer Figur zu ein Personen lassen sich zwischen den folgenden Gegensatzpaaren einordnen:

affection	↔	dislike
close relationship	↔	distant relationship
friendship, support, loyalty	↔	rivalry, hostility
peaceful relationship	↔	tense relationship

Das **Setting** und die Gestaltung des Bühnenbildes sind oft Ausdruck der Besonderheiten einer Person. Die Art und Weise, wie eine Figur ihre Umgebung *(surroundings)* gestaltet, lässt Rückschlüsse auf ihre Persönlichkeit zu. Hierhin gehört die Frage nach den Dingen, mit denen sich eine Person umgibt, an welchen Orten sie sich am liebsten aufhält und welche Orte sie meidet. Weiterhin kann der Autor bestimmten Gegenständen, die einer Person gehören, eine symbolische Bedeutung geben.

Andererseits kann die Umgebung einen prägenden Einfluss auf die Figur ausüben. Die **Auseinandersetzung mit dem Lebensumfeld** kann eines der Themen eines literarischen Textes sein. Hier kann untersucht werden, inwiefern sich eine Figur diesem Einfluss unterwirft oder versucht, sich ihm zu entziehen. In dem anti-utopischen Roman *Fahrenheit 451* von R. Bradbury verhält sich das Mädchen Clarisse abweichend von der Norm dieser Zukunftsgesellschaft. Statt mithilfe von Psychopharmaka und den Medien der Realität zu entfliehen, sucht sie den Kontakt zu anderen Menschen und der Natur.

In manchen Werken der Literatur wird die **Umgebung als Spiegel der seelischen Verfassung** einer Figur eingesetzt. Der Frühling gilt z.B. als Sinnbild der Lebendigkeit und des Neubeginns; eine karge Landschaft kann die Entbehrungen der dort lebenden Menschen reflektieren.

4.5 Kreatives Schreiben

Immer häufiger werden im Englischunterricht Aufgaben gestellt, die in ihren Anforderungen über die Inhaltswiedergabe, Analyse oder Bewertung hinausgehen. Dieser Aufgabentyp wird unter dem Begriff *creative writing* zusammengefasst.

► *Creative writing*

Creative writing verlangt die eigenständige Verfassung und Gestaltung eines neuen Textes. Der Zieltext soll die Strukturmerkmale einer vorgegebenen Textsorte aufweisen.

Ziel des Aufgabentyps ist es,
- das Verständnis der Sachzusammenhänge eines Unterrichtsthemas an einer alternativen Textsorte nachzuweisen,
- das Verständnis der Strukturmerkmale einer Textsorte durch die eigene Textproduktion unter Beweis zu stellen.

Diese Art der Aufgabe stellt eine mehr praktisch orientierte Alternative zur eher theoretischen Bewertung dar. Sie richtet sich vor allem an diejenigen Schüler, deren Stärke auf dem Gebiet der Kreativität liegt. Da es trotzdem in erster Linie um die Anwendung des im Unterricht Gelernten geht, sollte sich jeder die Bewältigung solcher Aufgaben zutrauen, der auf solide Kenntnisse im Fach bauen kann.

Produktion von Sachtexten

Leserbrief *(letter to the editor)*

Der Leserbrief wird häufig im Anschluss an die Behandlung eines Zeitungsartikels zu einem aktuellen Thema angefertigt. Er kommentiert Inhalt und Darstellungsweise des Zeitungsartikels. Der Autor des Leserbriefes soll seine eigene Position in Form von Betroffenheit, Kritik oder Zustimmung äußern.

Merkmale des Leserbriefs: Der **Inhalt** eines Leserbriefes wird durch folgende Punkte bestimmt:

- criticising the tone of the article
- questioning the intentions of a political party
- suggesting alternative action
- warning of possible consequences

Der **Aufbau** entspricht dem eines offiziellen Briefes *(formal letter)* und sieht wie folgt aus:

- Anrede: *Sir* oder *Madam*
- Bezug: *Referring to your article "…" issued on June …*
- inhaltliche Strukturierung: *statement of your view – the reasons for your view – your conclusion*
- Schluss: *your name and address*

Die **Sprache** eines Leserbriefes zeichnet sich aus durch:

- höfliches *formal English*
- Verwendung rhetorischer Fragen zur Strukturierung des Briefes (Discussing an issue ↑S. 23; Attitudes ↑S. 20)

ÜBERBLICK: Sprachliche Gestaltungsmöglichkeiten
Expressing approval
I perfectly agree with you … You made quite a point when … It is quite beyond doubt that … What you say is right up to a point.
Expressing disapproval
There is absolutely no point in … It is not necessarily true that … I have serious reason to doubt that …

4

ÜBERBLICK: Sprachliche Gestaltungsmöglichkeiten *(Forts.)*

Talking about the future
What we have to keep in mind is ... We should be careful not to ... We have to make sure that ... What has to be considered is ... This will raise the question of ... Possible consequences will be ...

Zeitungsbericht *(news report)*

Der Zeitungsbericht konzentriert sich auf die unkommentierte Information über Ereignisse. Eine Möglichkeit des *creative writing* besteht darin, ein besonderes Ereignis aus einem Erzähltext oder Drama herauszugreifen (z. B. Ermordung King Duncans aus *Macbeth*). Dieses wird dann entweder in einem sachlichen (Schwerpunkt auf den politischen Konsequenzen) oder in einem sensationell aufgemachten Bericht präsentiert.

Merkmale des Zeitungsberichts: Der **Inhalt** eines Zeitungsberichts nimmt die Perspektive des außenstehenden Betrachters ein und ist eine Momentaufnahme des Ereignisses.

Der **Aufbau** ist in der Regel wie folgt:

- *Headline:* griffige Schlagzeile
- *Head paragraph:* Beantwortung der *w*-Fragen *(who did what when and where?)*
- *Body part:* Schilderung der Hintergründe und Einzelheiten

Die **Sprache** zeichnet sich aus durch:

- **sachlichen Stil:** präzise sachliche Angaben, sachliche und präzise Wortwahl (*quality papers* ↑S. 60)
- **Sensationsstil:** Hervorhebung des Klatsch- und *human-interest*-Aspektes im Ereignis (*popular papers* ↑S. 60)

Mit der Textsorte ändert sich auch der Standpunkt des Lesers: Während der Leser des Dramas die Entwicklung der Handlung bis zum Mord mitverfolgt, kann der Leser des Berichtes die Entwicklung nur rückblickend als Ereignishintergrund betrachten.

Porträt *(portrait)*

Das Porträt stellt eine Persönlichkeit aus der **subjektiven Sicht** des Betrachters vor. Anders als die sachliche Charakterisierung lässt das Porträt immer die Einstellung des Autors zum Gegenstand seiner Beschreibung, z. B. Bewunderung oder Interesse, erkennen.

Sowohl tatsächlich lebende Persönlichkeiten als auch literarische Figuren können in einem Porträt vorgestellt werden.

4

Merkmale des Porträts: Wichtige Aspekte, die beim **Inhalt** eines Porträts nicht fehlen dürfen, sind

- neben den Aspekten der Charakterisierung (↑S. 119) auch besondere Fähigkeiten *(abilities)*, Leistungen *(achievements)* oder Verdienste *(merits)*,
- wichtige Lebensdaten und Lebensabschnitte,
- Zitate anderer Personen über diese Persönlichkeit.

Der korrekte **Aufbau** gliedert sich in folgende Teile:

- **Einleitung:** Anlass der Beschreibung, besondere Bedeutung der Person, besondere Beziehung zu der Person *(the first time I met/I heard of …)*
- **Hauptteil:** herausragende Eigenschaften, Steigerung nach der Rangfolge
- **Schluss:** Bedeutung der Person, Ausblick auf die Zukunft

Die **Sprache** eines Porträts zeichnet sich aus durch:

- Verwendung von treffenden Adjektiven,
- positiv bewertende Formulierungen.

Produktion von literarischen Texten

Der **Perspektivenwechsel** *(telling from a different point of view)* ist eine Form des *creative writing*, die sich auf Erzähltexte anwenden lässt. Dabei wird ein Teil einer Kurzgeschichte oder eine Romanszene aus der Sicht einer anderen Figur als im Originaltext wiedergegeben. Besonders interessant ist die Sicht einer Nebenfigur oder die Sicht des Gegenspielers. Die Figur erzählt die Ereignisse aus der Position des *first person narrator*.

Diese Aufgabenstellung verlangt, sich in die Betroffenheit anderer Figuren im Text einzufühlen. Ihre Motive und die Konsequenzen, die das Handeln der Hauptfigur auf ihr Leben hat, müssen plausibel dargestellt werden.

Die **Fortführung** *(continuation)* einer Short Story beendet einen Originaltext, der nur bis zu einem bestimmten Punkt der Handlung vorgegeben ist *(open-ended story)*. Die Fortführung der Geschichte sollte nahtlos an den vorgegebenen Text anknüpfen und mit ihm einen Zusammenhang bilden. Wichtig ist vor allem die Auswahl des Endes der Kurzgeschichte. Eine Short Story (↑ S. 72) kann folgende Arten des Abschlusses haben:

- open ending
- surprise ending
- happy or unhappy ending

Es ist immer zu prüfen, ob das Ende der Geschichte im Einklang steht mit

- ihrem Titel,
- dem Thema,
- der Aussage,
- ihrer Stimmung.

Ein offenes Ende passt eher zu einer problembesetzten Handlung. Es ist geeignet, auf die Ausweglosigkeit einer Situation hinzudeuten oder darauf, dass es durchaus mehrere Lösungen eines Problems geben kann. Es soll den Leser dazu anregen, eigene Fragen zu stellen und über weitere Möglichkeiten nachzudenken.

Ein überraschendes Ende ergibt sich häufig aus der Verwechslung und Aufdeckung von Identitäten; außerdem ist es interessant einzusetzen, wenn Erwartungen des Lesers bewusst nicht erfüllt werden sollen und der darauffolgende Überraschungseffekt gewollt ist.

Auf ein tragisches oder unglückliches Ende muss die Geschichte schon vorher hindeuten, etwa durch Symbole, eine melancholische Stimmung oder indem betont wird, dass die Hauptfigur einer besonderen Gefährdung ausgesetzt ist.

Drehbuch *(film script)*

Das Drehbuch bildet die Grundlage einer Verfilmung. Es enthält Anweisungen dazu, wie eine Handlung nicht nur sprachlich, sondern auch außersprachlich, akustisch sowie visuell vermittelt werden kann.

Die Umformung einer Short Story oder einer Schlüsselszene eines Romans in ein *film script* stellt eine besonders kreative Möglichkeit dar, das Verständnis eines literarischen Textes nachzuweisen. Der Herstellung des Drehbuchtextes gehen folgende Entscheidungen voraus:

- **Was ist die wesentliche Aussage des Ausgangstextes?** Mit der Formulierung der Textaussage wird zugleich das Ziel der Drehbuchherstellung formuliert.
- **Welche Aspekte des Ausgangstextes lassen sich filmisch darstellen und wie?** Im Film fehlt in der Regel die vermittelnde Instanz des Erzählers, der z. B. den Schauplatz und dessen Atmosphäre oder die Gedanken der Figuren beschreibt. Daher müssen für diese Aspekte andere Vermittlungswege gefunden werden, z. B. Kameraführung, Schnitttechnik oder Auswahl der Bildausschnitte (↑S. 93).

- **Auf welche Einzelheiten des Ausgangstextes kann verzichtet werden, ohne seine Aussage zu verändern?** Es lassen sich vor allem solche Erzählabschnitte leicht filmisch darstellen, die auch szenisch erzählt werden (Zeitdeckung ↑S. 70). Ereignisse eines längeren Zeitraums, die der Erzähler zusammenfasst, müssen in den Figurendialog transportiert und dort erwähnt werden, wenn sie für die Szene wichtig sind.

Vermittlungswege für Aspekte des Ausgangstextes sind:

Darstellungsobjekte	Vermittlungswege
atmosphere	lighting, sound effects, music
thoughts interior monologue	soliloquy (Selbstgespräch), facial expression camera: close up (Nahaufnahme)
feelings	voice, facial expression, gestures, posture (Körperhaltung) camera: close up, point-of-view shot (aus der Perspektive einer Figur)
memories and past action	flashback montage
simultaneous action	montage of shots of two or more scenes

Gedichte *(poems)*

Gedichte als Ergebnis des *creative writing* setzen keine Perfektion in Form und Stil voraus. Zum Abschluss einer Unterrichtseinheit, die beispielsweise ein Thema des Zusammenlebens (z.B. *separation and divorce*) von mehreren Seiten betrachtet und das thematische Vokabular vermittelt hat, können verschiedene Aufgaben gestellt werden, die zu spontanen oder ganz persönlichen Äußerungen anregen.

Mögliche Aufgabenstellungen:

- **Vorgabe einer Anfangszeile,** z. B. *Now you are gone.* Man notiert alle Einfälle zu dem Thema und sortiert sie im zweiten Schritt nach ihrem Klangmuster. Baut man mehrere Zeilen mit demselben Zeilenanfang ein (*anaphora* ↑ S. 83), klingt es schon fast wie ein „richtiges" Gedicht.
- ***Acrostic poems*** enthalten ein meistens senkrecht eingebautes Stichwort, das zugleich als Thema und als Gerüst des Gedichts dient. Diese Art von Gedicht lässt sich leicht selber herstellen. Zu einem vorgegebenen Stichwort notiert man alle Einfälle und arrangiert sie mithilfe des Gerüsts:

	M	any
D	**a**	ys
Without	**y**	ou

- **Vorgabe eines Kurzgedichts,** das thematisch und in der Form imitiert wird, etwa in Form einer Parodie.

Parodie *(parody)*

Unter Parodie versteht man die komisch-satirische Umbildung oder Nachahmung eines meist künstlerischen, oft literarischen Werkes.

W. Blake,* The Tyger *(1794):
Tyger! Tyger! burning bright
In the forests of the night,
What immortal hand or eye
Could frame thy fearful symmetry?

Parody:
Neon! Neon! Burning bright
Billboard bubbles, blinking lights,
What slogan, message, imagery
Tickles consumer's fantasy?

5 Übersetzen

Wichtige Grundbegriffe

Translating

Schriftliches Übersetzen eines fremdsprachigen Textes. Dabei unterscheidet man zwischen freier und wörtlicher Übersetzung.

The subject was segregation …

Freie Übersetzung *(free translation)*: sinngemäße Übertragung des Originaltexts ins Deutsche. Im Vordergrund steht die Frage, wie ein Sachverhalt am besten auf Deutsch ausgedrückt wird.

In dem Aufsatz ging es um die Rassentrennung …

Wörtliche Übersetzung *(literal translation)*: stärkere Orientierung am Originaltext und seinen Strukturen.
Im Englischunterricht ist meist die wörtliche der freien Übersetzung vorzuziehen!

Das Thema war die Rassentrennung …

Interpreting

Beim *interpreting* (dolmetschen) geht es darum, die wesentlichen Aussagen eines (meist gesprochenen) fremdsprachigen Textes verständlich ins Deutsche zu übertragen. Auf stilistische Feinheiten oder die Erhaltung der Satzstruktur kommt es oft nicht an.

King understood that his real mission was broader social and economic change. → King wusste, dass es auf den sozialen Wandel ankam.

5.1 Arbeitsschritte

Bei Übersetzungen ist es sinnvoll, schrittweise und systematisch vorzugehen. Ein idealer Ablauf sieht so aus:

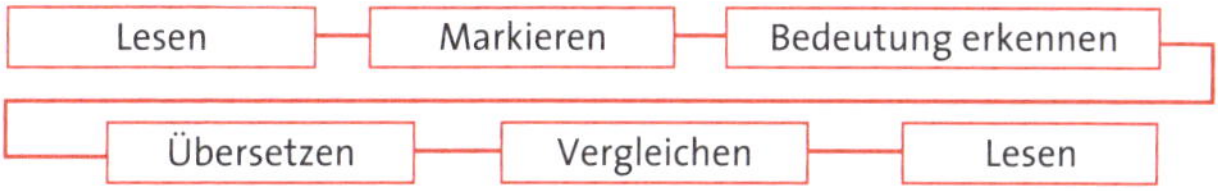

- **Lesen:** Am Anfang steht die Lektüre des gesamten Originaltextes inklusive der Überschrift. Hierbei kann man sich bereits einen Überblick über die Kernaussagen des Textes und seine stilistischen Besonderheiten verschaffen.
- **Markieren:** Dann folgt die erste Bearbeitung des Textes. Alle nicht unmittelbar verstandenen Wörter und Satzstrukturen werden auf geeignete Weise markiert (↑S. 53).
- **Bedeutung erkennen:** Im folgenden Schritt wird versucht, die Bedeutung der problematischen Wörter und Satzstrukturen mithilfe der eigenen Worterkennungsfertigkeiten *(word recognition skills)* und/oder eines einsprachigen Wörterbuches zu erkennen. Man sollte beachten, dass viele Wörter mehrere Bedeutungen haben und die richtige Bedeutung meist nur aus dem Sinnzusammenhang *(context)* erschlossen werden kann (Vokabeln ↑S. 6).
- **Übersetzen:** Erst jetzt geht es an die eigentliche Übersetzung. Es kann sinnvoll sein, zuerst eine Rohfassung der Übersetzung auf Konzeptpapier zu erstellen und diese nach einer vergleichenden Kontrolle und Verbesserung zu übertragen.
- **Lesen:** Zum Schluss erfolgt die Lektüre der Übersetzung als quasi eigenständiger deutscher Text, um Abstand vom Original zu gewinnen. Klingt alles sinnvoll, besteht eine gewisse Wahrscheinlichkeit (aber keine Sicherheit), dass der Text korrekt übersetzt wurde. Klingt die deutsche Version falsch oder unlogisch, enthält die Übersetzung wohl noch Fehler.

Tipps zur Übersetzung

- **Eigennamen:** Vorsicht beim Umgang mit Eigennamen! Manchmal gibt es eine deutsche Entsprechung, manchmal nicht. Aus *amnesty international* wird auf keinen Fall „Internationale Amnestie", aus den *United Nations* werden jedoch die „Vereinten Nationen". Ländernamen werden immer übersetzt.
- **Paraphrasen:** Klingt die deutsche Übersetzung eines Satzes merkwürdig, kann es sinnvoll sein, nach Synonymen einzelner Wörter zu suchen oder den kompletten Satz zu paraphrasieren.
- **Fremdwörter:** Fremdwörter stellen oft eine Schwierigkeit dar. Es gibt keine allgemeine Regel, wann ein Fremdwort eingedeutscht wird und wann nicht. Am ehesten gilt, dass ein Fremdwort dann ins Deutsche übersetzt wird, wenn es eine in der Alltagssprache akzeptierte deutsche Entsprechung gibt. Für *globalization* beispielsweise gibt es im Deutschen den Begriff „Globalisierung", für *e-mail* hat sich jedoch kein deutsches Wort durchgesetzt.
- **idiomatische Redewendungen:** Idiomatische Redewendungen *(idioms)* sind oft schwer zu übersetzen. Häufig gibt es deutsche Entsprechungen, die nichts mit dem englischen Original zu tun haben. Aus *It's raining cats and dogs* wird etwa *Es gießt in Strömen.*

Hinweise zur Herangehensweise

- Manchmal gibt es bei Übersetzungen Wortangaben am Ende des Textes, die unbedingt beachtet werden sollten.
- Um genug Platz für Korrekturen zu haben, ist es am besten, mit doppeltem Zeilenabstand zu schreiben.
- Eine Auslassung im Text kann besser sein als eine (völlig) falsche Übersetzung.
- Eine sinnvolle Zeiteinteilung ist wichtig.

5.2 Problemfelder

Leicht verwechselbare Wörter

Die sogenannten *confusables* werden auch von Menschen, die Englisch als Muttersprache sprechen, häufig verwechselt.

Confusables	Übersetzung
Mary and John are very **amiable** people. They had an **amicable** divorce.	freundlich gütlich
I was rather **anxious** before our first meeting. I was very **eager** to meet him.	besorgt gespannt
People **borrow** money before buying a car. Will you **lend** me the money?	leihen (ver-)leihen
There are **continual** changes in our weather. **Continuous** emissions are the main problem.	ständig andauernd
The main aim is **economic** growth. A bike is more **economical** than a car.	Wirtschafts- sparsam
Modern societies are **industrial** societies. Frank is a very **industrious** person.	Industrie- fleißig
Why do you **lie** down all day? The doctor **laid** him down very carefully.	liegen legen
The **moral** of the story is ... The **morale** of the team was lousy.	Moral, Lehre Stimmung
Are you nervous about your **oral** exams? She had to see an **aural** surgeon.	mündlich Ohren-
He was hired by the **personnel** office. They had a very **personal** relationship.	Personal- persönlich
A mobile phone is a **practical** thing. It's not **practicable** to use your mobile here.	praktisch möglich
The painting is intense and quite **sensuous.** To some it is a **sensual** experience.	sinnenfreudig sinnlich

False friends („falsche Freunde“) sind englische Wörter, die äußerlich identisch mit deutschen Wörtern sind, aber eine gänzlich andere Bedeutung haben. Deshalb ist beim Umgang mit ihnen besondere Vorsicht angebracht. Eine umfangreiche Liste falscher Freunde gibt es unter www.uebersetzungsfallen.de.

False Friends

German	English	German	English
tatsächlich, wirklich	actually	aktuell	topical
besorgt; bemüht	anxious	ängstlich	frightened
folglich, resultierend	consequent	konsequent	consistent
Getreide	corn	Korn	seed
anständig, ordentlich	decent	dezent	discreet
besetzt, auch: verlobt	to be engaged	engagiert sein	to be commit-ted to
schließlich, endlich	eventually	eventuell	possibly
Fußboden	floor	Flur	hall
Geschenk	gift	Gift	poison
Vorlesung, Vortrag	lecture	Lektüre-vorgang/ Lektüretext	reading/ reading material
Landkarte	map	Mappe	briefcase; folder
Bedeutung	meaning	Meinung	opinion

False Friends			
German	**English**	**German**	**English**
Naher Osten	Middle East	Mittlerer Osten	south-western Asia
Mord	murder	Mörder	murderer
nicht dürfen	must not	nicht müssen	not to have to
Anmerkung	note	Note	mark, grade
Benachrichtigung	notice	Notiz	note
gewöhnlich, üblich	ordinary	ordinär	vulgar
überwachen	to oversee	übersehen	to fail to notice
Mitleid erregend	pathetic	pathetisch	emotional
Arzt/Ärztin	physician	Physiker	physicist
Quittung	receipt	Rezept	prescription
gewissenhaft	scrupulous	skrupellos	unscrupulous
vernünftig	sensible	sensibel	sensitive
ausgeben	spend	spenden	to donate
Stadion	stadium	Stadium	stage
Hocker	stool	Stuhl	chair
Mitleid	sympathy	Sympathie	liking
Tablette	tablet	Tablett	tray
Verfahren	technique	Technik	technology
Landstreicher	tramp	Tramper	hitchhiker
Leichenbestatter	undertaker	Unternehmer	employer
Lagerhaus	warehouse	Warenhaus	department store
sich fragen	to wonder	sich wundern	to be surprised

Satzstrukturen

Im Englischen gibt es eine Reihe von grammatischen Strukturen, die man nicht wörtlich ins Deutsche übersetzen kann. Möglichkeiten der Umschreibung können hier jedoch weiterhelfen. Auch diese unterliegen einer gewissen Regelmäßigkeit und können gelernt werden:

- ***contact clauses*** (Relativsätze ohne Relativpronomen)
  Beispiel: Is this the bike you bought yesterday? → Ist dies das Fahrrad, das du gestern gekauft hast?
- ***-ing-form*** (-*ing*-Form)
  Beispiele: The woman shaking her head is my mother. → Die Frau, die gerade den Kopf schüttelt, ist meine Mutter. Having done the dishes he watched TV. → Nachdem er abgewaschen hatte, sah er fern. Mary loves watching soap operas. → Mary schaut sich gerne Seifenopern an.
- ***progressive tenses*** (Verlaufsformen)
  Beispiele: She was reading a book when somebody knocked. → Sie las gerade ein Buch, als es klopfte. Economic growth has been slowing down since the early nineties. → Das Wirtschaftswachstum verlangsamt sich seit den frühen 90er-Jahren.
- ***going to-future*** (going-to-Futur)
  Beispiele: The government is going to reduce taxes. → Die Regierung hat vor, Steuern zu senken. Whether this is going to happen remains to be seen. → Ob das tatsächlich passiert, muss abgewartet werden.
- ***passive*** (Passiv)
  Beispiel: The actor is said to be rather difficult to work with. → Der Schauspieler soll bei der Zusammenarbeit recht schwierig sein.
- ***reported speech*** (indirekte Rede)
  Beispiel: The man said that he was rather late. → Der Mann sagte, dass er ziemlich spät dran sei.

5.3 Wörterbücher nutzen

Wörterbücher

Neben ein- und zweisprachigen Wörterbüchern *(mono- and bilingual dictionaries)* gibt es auch Thesauri (Großwörterbücher), Synonymwörterbücher und etymologische Wörterbücher sowie Wörterbücher auf CD-Rom und zahlreiche Online-Wörterbücher.

Gerade bei der Übersetzung kommt dem richtigen Umgang mit dem einsprachigen Wörterbuch besondere Bedeutung zu. Gute einsprachige Wörterbücher enthalten mehr Informationen, als ein erster Blick vermuten lässt.

Man spricht beim Aufbau eines Wörterbuchs von ***entries*** (Einträgen), die jeweils mit einem ***headword*** (Anfangs-, Stichwort) beginnen und alphabetisch geordnet sind. Zu jedem Anfangswort folgen weitere Informationen verschiedener Art, die sich wie folgt klassifizieren lassen:

5

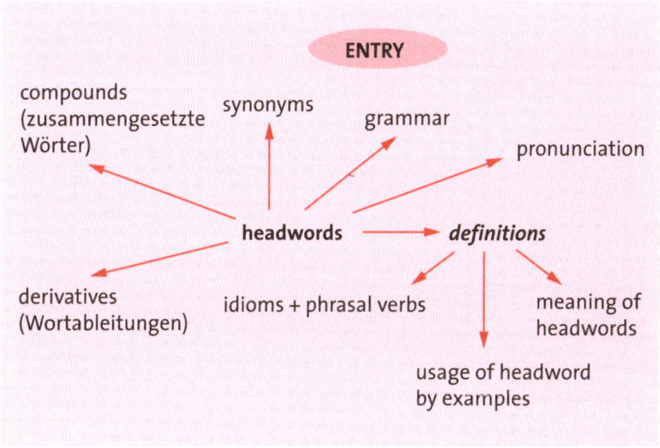

Jedes Wörterbuch benutzt ein eigenes System von **Symbolen** und **Abkürzungen.** Dieses wird meist im Schlüssel *(key)* auf den ersten Seiten anschaulich erklärt.

Wenn ein Wort mehrere Bedeutungen hat, sind diese in der Regel alle angegeben. Der Eintrag “business” in einem einsprachigen Wörterbuch sieht also etwa folgendermaßen aus: Auf das *headword* folgen mehrere Definitionen und Beispiele sowie zahlreiche idiomatische Redewendungen. Hier eine mögliche, leicht verkürzte Darstellung:

1 the activity of making, buying or selling things for money; commerce; trade
2 a company, a shop
3 one's usual occupation, profession
4 a thing that is s.b.'s concern; a duty; a task
5 a serious matter or matters to be discussed
6 a matter; an affair or an event

Mithilfe des Wörterbucheintrags 5 ist es nicht schwierig, folgenden Satz zu verstehen und zu übersetzen, sofern man sich die Mühe macht, tatsächlich alle Definitionen durchzugehen.
Beispiel: Unless there is any other business, we can end the meeting. → Falls nichts Wichtiges mehr ansteht, können wir die Besprechung abschließen.

Die **Beispielsätze** und idiomatischen Redewendungen helfen oft am ehesten bei der Einordnung eines Wortes in den richtigen **Kontext,** von dem seine Bedeutung bzw. Übersetzung abhängt.

In Übersetzungen und bei der Textarbeit sollte allerdings nicht der Fehler gemacht werden, das Wörterbuch zu häufig zurate zu ziehen, da dies recht zeitaufwendig ist. Zuerst kommt der Kopf, dann das Wörterbuch!

5.4 Beispielübersetzung

Im folgenden Text sind Probleme, die bei der Übersetzung auftreten können, kursiv markiert.

In 1963 Martin Luther King published an *impassioned* essay called *Why We Can't Wait.* The subject was segregation, but even at that early date King understood that his real *mission* was *broader social and economic change.* 'In that *separate culture of poverty* in which the *half-educated Negro* lives, an *economic depression* rages today,' he said. The solution for that, King realized, would be very complicated.

Twenty years after his death, millions of Americans, black and white, have given up waiting altogether. The war on poverty – one aim of the civil rights movement – *has* almost *been lost.* Worse, the moral energy to continue the battle has been weakened by *complacency and an appalling game of fingerpointing.* Year after year, the *agony of the underclass* has been seen as the blacks' problem, the government's problem, but not *everyone's.*

The long road back to *commitment* will not be easy. Ronald Reagan, who owes his two *electoral victories* almost exclusively to white voters, was determined to leave the issue alone *when he came to office.*

(171 words)

Übersetzung

1963 veröffentlichte Martin Luther King einen leidenschaftlichen Aufsatz mit dem Titel „Warum wir nicht warten können".

Das Thema war die Rassentrennung, aber schon zu diesem frühen Zeitpunkt verstand King, dass sein eigentlicher Auftrag eine weiter gehende soziale und wirtschaftliche Veränderung war. Er sagte: „In jener eigenständigen Kultur der Armut, in der der wenig gebildete Neger lebt, wütet heute eine wirtschaftliche Krise.“ Es war King klar, dass die Lösung dieses Problems schwierig sein würde.

Zwanzig Jahre nach seinem Tod haben Millionen schwarze und weiße Amerikaner das Warten aufgegeben. Der Kampf gegen die Armut – ein Ziel der Bürgerrechtsbewegung – ist fast verloren. Schlimmer noch – die moralische Kraft, den Kampf weiterzuführen, ist durch Selbstzufriedenheit und ein widerwärtiges Spiel gegenseitiger Schuldzuweisung geschwächt worden. Jahr für Jahr ist das Leiden der Unterschicht als das Problem der Schwarzen, das Problem der Regierung angesehen worden, nicht aber als das Problem jedes Einzelnen.

Der lange Weg zurück zu engagiertem Handeln wird nicht leicht sein. Ronald Reagan, der seine beiden Wahlsiege fast ausschließlich weißen Wählern verdankte, war entschlossen, das Problem nicht anzugehen, als er sein Amt antrat.

Anmerkungen

- **Zeile 1:** *Impassioned* kann erschlossen werden, da das Nomen *passion* bekannt sein sollte.
- **Zeile 2:** *Why We Can't Wait* könnte so stehen bleiben, wenn es ein in Deutschland bekannter Essay wäre. Da dies nicht der Fall ist, sollte der Titel des Essays übersetzt werden.
- **Zeile 4:** *Mission* sollte übersetzt werden, das es für „Mission“ eine gängige deutsche Entsprechung („Auftrag“) gibt.
- **Zeile 4/5:** *Broader social and economic change* kann auf verschiedene Weise übersetzt werden. Denkbar ist statt „sozial“ auch „gesellschaftlich“ und statt „Veränderungen“ auch „Wandel“. „Sozioökonomischer Wandel“ wäre unangemessene Fachsprache.

- **Zeile 5:** Während *culture of poverty* wörtlich übersetzt werden kann, passt die übliche Übersetzung von *separate* als „geteilt/getrennt" hier nicht.
- **Zeile 6:** *half-educated Negro:* Die Wahl des Wortes *Negro* scheint ungewöhnlich; jedoch nur aus heutiger Sicht. Da der Essay über 40 Jahre alt ist und der Autor diesen Begriff wählte, ist das Wort auch im Deutschen zu verwenden. *Half-educated* kann auch wörtlich als „halbgebildet" übersetzt werden.
- **Zeile 6:** *economic depression:* auch „wirtschaftliche Depression" ist möglich.
- **Zeile 12:** *has … been lost:* Am besten Präsens.
- **Zeile 13/14:** *complacency and an appalling game of finger-pointing:* ein vermutlich unbekanntes Wort und ein idiomatischer Ausdruck. *Complacency* ist schwer zu erschließen. Hier hilft ein einsprachiges Wörterbuch mit der Erklärung *self-satisfaction.* Die Bedeutung von *a game of fingerpointing* kann zwar aus dem Zusammenhang erschlossen werden, trotzdem ist es nicht einfach, eine deutsche Entsprechung zu finden; ein Beispiel dafür, dass man sich manchmal völlig von der wörtlichen Bedeutung des Originals „befreien" muss.
- **Zeile 15:** *agony of the underclass:* für das Fremdwort „Agonie" gibt es eine deutsche Entsprechung. Der Begriff *underclass* ist im Englischen recht gebräuchlich und kann mit „Unterschicht" übersetzt werden.
- **Zeile 17:** *everyone's:* Wichtig für den Zusammenhang: „eines jeden, jedes Einzelnen" (nicht: „aller")
- **Zeile 18:** *commitment:* Die Grundbedeutung kann über das Verb *to commit* erschlossen werden. Es ist allerdings nicht einfach, eine passende deutsche Entsprechung zu finden.
- **Zeile 19:** *electoral victories:* Erschließung über *election*
- **Zeile 21:** *when he came to office:* Hier handelt es sich um eine sprachliche „Falle". Eine wörtliche Übersetzung führt in die Irre. Allerdings kann die Bedeutung aus dem Kontext heraus erschlossen werden: dem Wahlsieg folgt der Amtsantritt.

6 Landeskunde

Wichtige Grundbegriffe

Traditionelle Landeskunde	
Im landeskundlichen Teil des Englischunterrichts wurde v. a. Kontextwissen für Sprache und Literatur vermittelt. Die Landeskunde hatte eine Zulieferfunktion für die anderen Teile des Englischunterrichts.	Vergleich der englischsprachigen Länder mit dem eigenen Land
In den 50er- und 60er-Jahren des letzten Jahrhunderts dominierten geschichtliche und institutionelle Aspekte die Landeskunde.	Institutionen • Geschichte Großbritanniens und der USA
Ab den 70er-Jahren kamen themenorientierte Inhalte dazu.	Arbeitswelt • Umwelt • soziale Probleme • Gesellschaft

Cultural Studies	
Heute versteht sich die Landeskunde als Teil der *cultural studies* (Kulturwissenschaften). Deren Ziel ist es, die überlieferten Kultur- und Textbegriffe auszuweiten.	Definitionen von „Kultur“
Neben die **Hochkultur** *(culture with a capital C)* treten die *small-c cultures,* die auch Alltägliches, Randständiges und Populäres einschließen.	Kunst, Literatur Jugendkultur • Film • Popkultur • Alltagsleben

6.1 Great Britain – Political System

The United Kingdom of Great Britain and Northern Ireland – often called Great Britain or Britain – consists of four parts: England, Wales, Scotland and Northern Ireland.

Constitutional monarchy

Britain is a constitutional monarchy. Although the monarch is head of state his power is severely limited. According to constitutional writer Walter Bagehot the monarch has three rights: to be consulted, to advise and to warn. Laws are made by parliament and executive power lies with the Government, which is headed by the Prime Minister.

Parliamentary democracy

Central to Britain's system of parliamentary democracy is Parliament which is made up of two houses: the **House of Commons**, consisting of 659 elected MPs (Members of Parliament), and the **House of Lords** with close to 700 members **(peers)** consisting of 578 Life Peers, 90 Hereditary Peers and 26 Lords Spiritual.

The members of the House of Lords are appointed – not elected – and they have little real political power. Laws passed by the House of Commons can only be delayed, but not rejected. The House of Lords also has judicial powers: it is the highest court of appeal for most cases in the United Kingdom.

Government

Her Majesty's Government performs the executive functions of the United Kingdom. The **Prime Minister** is appointed by the queen. This does not mean that the queen has much of a choice: she can only appoint the leader of the party that has a majority in the House of Commons. The Prime Minister then selects the other ministers, which make up the government. About twenty of the most senior government ministers make up the **Cabinet**.

The Prime Minister

The Prime Minister's (PM) political position is quite strong. He leads Her Majesty's Government, appoints the members of his cabinet and can decide the date of general elections.

General elections

There are 659 constituencies (electoral districts) in the UK. Every constituency elects *one* Member of Parliament by **majority vote:** in each constituency the candidate with the most votes is elected and the other votes are discarded (lost votes). This system usually results in a clear majority for one of the two big parties. It does not favour smaller parties, however, since the only way to become an MP is to win a seat in one of the constituencies.

General elections must be held at least every five years. It is up to the Prime Minister to decide on the date of the elections. Once he has decided on a date, parliament is dissolved by the queen.

Parties

Two big and one smaller party dominate Britain's politics: the Labour Party, the Conservative Party and the Liberal Democratic Party. Most MPs belong to one of these parties. But there are a number of smaller parties with MPs, mainly the nationalist parties (Scotland, Wales and Northern Ireland). Britain is traditionally a country with a two-party system. Only over the past two decades have the Liberal Democrats emerged as a relatively large third party.

Reforms

The United Kingdom is usually seen as a centralized state, with Parliament at Westminster holding responsibility for most of the UK's political power. This is still true today, but there have been a number of changes: in the 1990s Parliament decided to give a certain degree of autonomy to national assemblies in Scotland, Wales and Northern Ireland. This process is called **devolution** ("handing down" of powers from central government to government at regional or local level).

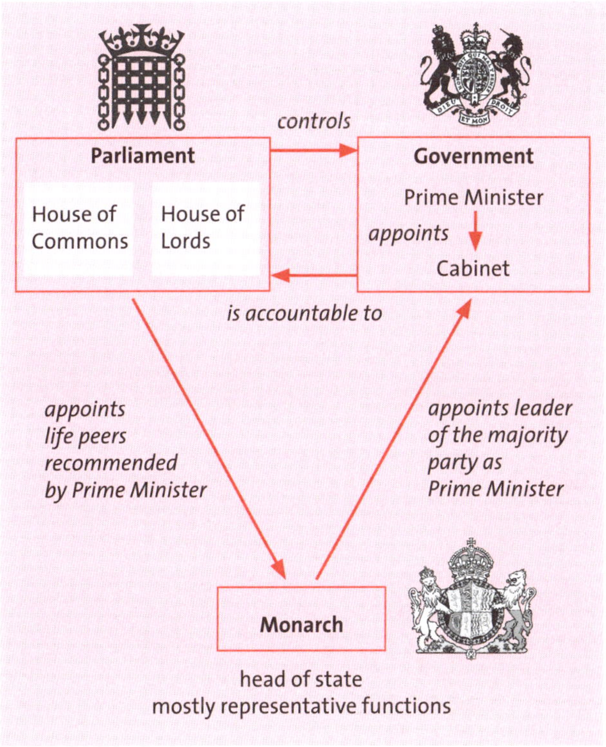

6

6.2 Britain and Europe

Britain has always played a somewhat special role in Europe. First it was kept from joining the **European Economic Community (EEC)** twice because France vetoed Britain's application in both 1963 and 1967. When Britain finally joined the EEC in 1973 it was only after a lengthy public debate in Britain about the merits of joining the EEC.

Britain has been a member of the EU for over 30 years now but is one of the few member countries that did not join the **Euro zone** and still uses an individual currency. Public opinion about the advantages of EU membership is still divided, probably more so than in other EU countries.

Britain and Europe: Important dates

1963	Britain applies for membership of the EEC. President de Gaulle of France vetoes the application on claims that Britain's ties with both the Commonwealth and the USA are too close.
1973	Britain is finally able to join the EEC.
1974	The British people confirm this in a referendum.
1991	Britain is among the few members of the EU that do not join the EMU (European Monetary Union). The main reason for not joining the single European currency is the fear of a loss of national sovereignty.
2011	The European Union Act ensures that if there is a shift of power from the UK to the EU, a referendum will be carried out; the Act is to restore trust in the EU.

Europe – a megastate?

There is widespread fear in the United Kingdom that the EU is heading in the direction of becoming a mega- or super state, thereby reducing the importance of the individual nation state and its sovereignty. While there is relatively little opposition against the economic implications of the European Union, i.e. the single European market, opposition against the idea of a politically united Europe with powerful European institutions is fairly strong.

Euromyths

Many people believe in so-called Euromyths. These are pieces of information about the EU that are untrue and often describe the EU as a rather bureaucratic institution trying to regulate everything. The popular press usually furthers such myths and quite often twists the facts about the EU a bit in order to strengthen some people's fears about the EU.

Example: One such Euromyth is that all ambulances throughout the EU must be painted yellow or that builders will not be allowed to take their T-shirts off during work.

The Euro debate

Nearly two thirds of British voters are so-called "**Eurosceptics**" or "Europhobes". Particularly strong is the opposition against the new single currency, the Euro, which was introduced in the countries of the Euro zone, including Germany, on 1st January 2002. The two major parties are divided on the subject. While the **Labour Party** supports the idea of joining the single currency, it also makes it quite clear that Britain will only introduce the Euro if this step is considered to be in Britain's economic interest.

The **Conservatives** are against the single currency because they consider the economic risks of joining the Euro zone too great. Business in the UK is mainly for the Euro. A lot of firms export their goods to Euro zone countries. With different currencies these firms run a currency risk which they hope to avoid by becoming a member of the Euro zone.

6.3 Empire and Commonwealth

From Empire to Commonwealth

In the late 19th century Queen Victoria could claim, "the sun never sets" on her **empire.** At its height in the 1920s the British Empire covered about a sixth of the landmass of the earth and 400–500 million people lived under British rule.

After World War II Britain's Empire dissolved as colony after colony became independent. This did not mean the end of Britain's relationship with her former colonies, however. Today Britain and most of her former colonies are members of the **Commonwealth,** a voluntary association of independent states.

The first British Empire

The beginnings of the Empire date back to the 16th century when British seafarers like **Sir Francis Drake** put to sea to seek immediate profits. In the 17th century Britain concentrated on the Americas, setting up **colonies** in North America and the Caribbean. The 18th century saw the settlement of Australia, which started out as a penal colony in 1788.

The second British Empire

In the 18th century British expansion shifted from the Americas to Asia and Africa. Britain took possession of **India** – Queen Victoria was proclaimed Empress of India in 1876 –, Ceylon, Burma, Malaysia and Hong Kong, and India became one of the most important British colonies.

The late 19th century saw Britain and other European nations in the "scramble for Africa". Competing with countries like France and Germany, Britain became the most successful colonial power in **Africa:** it held control over South Africa, Egypt, Nigeria and other African colonies, comprising almost 30 % of Africa's total population.

Decolonisation

The end of World War II also signalled the end of the British Empire. Britain had to concentrate on its domestic problems after World War II while at the same time anti-colonial nationalist movements challenged British rule in most of its colonies. First India, then other territories in Asia and Africa demanded – and finally got – **independence from Britain.** This process marked the Empire's transformation into today's Commonwealth.

The Commonwealth

The Commonwealth is a loose confederation of independent nations, most of them former members of the British Empire. There are 54 countries in the Commonwealth with a total population of around 1.5 billion people which adds up to roughly 30 % of the world population. Queen Elizabeth II. is the (symbolic) head of the Commonwealth; she is also head of state in 16 countries.

Today's Commonwealth is the result of new nations emerging after World War II, but its origins go back to British colonial policy. As early as in the 1840s self-government was introduced in Canada, which later in the century became Britain's first **Dominion.**

Australia, New Zealand and South Africa followed in the early years of the 20th century. In India, 1947 is the year of independence: the British finally withdrew as a result of the passive resistance offered by the supporters of Mahatma Ghandi. Other nations followed, and the end of the British Empire saw the emergence not only of the Commonwealth but also of a postcolonial world with problems of its own. The fight for national liberation in the second half of the 20th century has changed the political maps of Asia and Africa.

The **political aims** of the Commonwealth were put down in the Harare Declaration of 1991. Member states are expected to

- promote democracy, the rule of law, good government and human rights,
- promote the equality of women,
- provide universal access to education,
- promote economic development and ease poverty,
- take action against disease and illegal drugs,
- support world peace and the United Nations.

The Commonwealth Secretariat in London coordinates the international cooperation of the member states and prepares the regular meetings of the heads of state of the Commonwealth countries.

Language is also an important factor. Because of their colonial background and their shared histories with Great Britain, English is still the first or official language in most states of the Commonwealth.

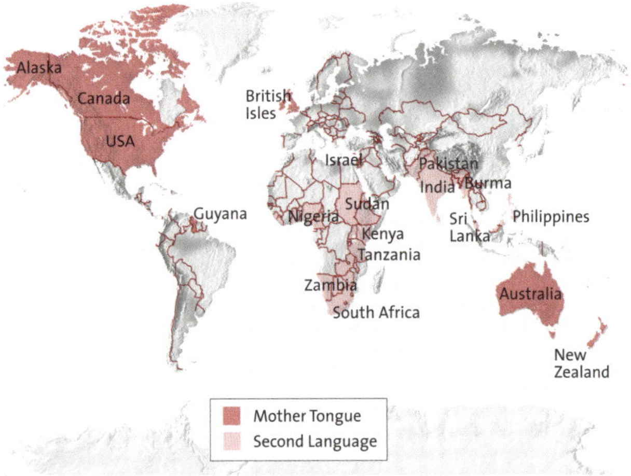

Immigration and ethnicity

In 2001 the majority of the UK population (almost 60 million) were White (92%). The remaining 4.6 million people (almost 8%) belonged to other ethnic groups, for example Chinese, Asian or Black British. Indians made up the largest of these groups, followed by Pakistanis, those of mixed ethnic backgrounds, Black Caribbeans, Black Africans and Bangladeshis (↑S. 154).

Between 1991 and 2001 the number of people who came from an ethnic group other than White grew by 53%. Between 1951 and 2001 the percentage of people born overseas doubled from a little over 4% to almost 8%.

This development clearly reflects the fact that Britain still has very close ties with her former colonies. The great majority of immigrants come from Commonwealth countries, as shown in the following chart:

Non-UK born population resident in the United Kingdom

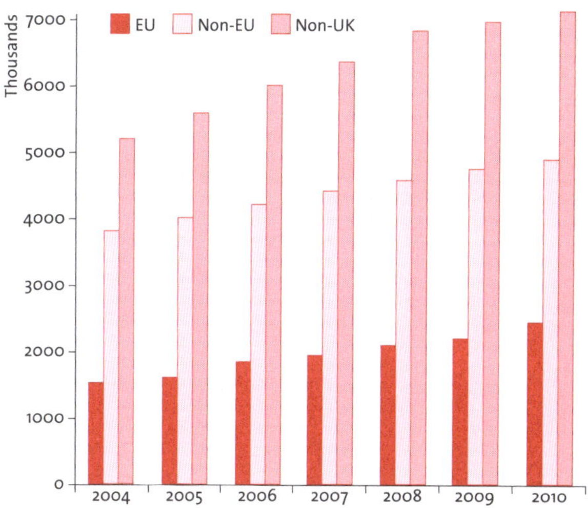

Source: Annual Population Survey (Office for National Statistics/Labour Force Survey)

6

Multiculturalism – Cultural pluralism

These terms are often used to describe societies where a wide range of different cultural or ethnic groups live together. In most multicultural societies this is a result of immigration. The terms can also be used to describe government policy: the basic idea is that different groups within society should keep their cultures and identities and interact peacefully with one another.

Big cities as centres for multiculturalism

That Britain indeed is multicultural can be experienced in many places. Most non-White ethnic groups concentrate in certain areas. London is the most popular: 45% live in London where they make up almost a third of all London residents. Birmingham, Manchester and Liverpool are other cities where one finds large numbers of immigrants. It is in these – and other cities – where the impact of the various cultural and ethnic groups is most obvious.

> Indian and Pakistani restaurants and take-aways, black people from the Caribbean and Africa, music from Jamaica, the Notting Hill Carnival, Islamic mosques.

But there are also places where the presence of immigrants is hardly felt. Areas like Scotland and Wales have only very small percentages of immigrant population.

Non-White population

The graph shows that around half of the non-White population are Asians of Indian, Pakistani, Bangladeshi or other Asian origin. This reflects Britain's history: the majority of immigrants come from Commonwealth countries and virtually all of them have British citizenship.

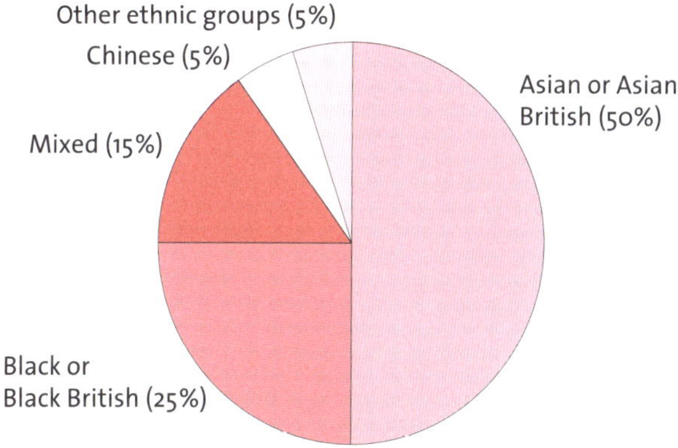

Racial conflicts

Although ethnic minorities in Britain are probably better integrated into society than ethnic minorities in other European countries there are occasional racial conflicts in Britain that sometimes take the form of rioting and urban disorder.

The London Riots 2011

The terrorist attacks on London in July 2005, which targeted civilians using the public transport system during the morning rush hour, had already shown that there is a lot of social tension between people from different ethnic backgrounds who do not mix. The London Riots of August 2011, triggered off by a police response to a peaceful march, displayed severe rioting, looting and arson of an unprecedented extent. This started a discussion on the causes of the discontent. The press and some officials put the riots down to poverty, deprivation and unequal chances.

6

6.4 Ireland – From Emerald Isle to Celtic Tiger

For centuries Ireland has been one of Europe's poorest countries. Until fairly recently this was still true. To many people Ireland is a romantic place of great scenic beauty – the "Emerald Isle" or "Green Isle" –, with world-famous artists and authors like **James Joyce,** a long history of being conquered by foreign people and a somewhat shorter history of mostly unsuccessful rebellion against its conquerors. To others, Ireland is a place where a **civil war** with strong religious overtones has taken place since the late 1960s.

"The Troubles"

The conflict in Northern Ireland – often referred to simply as "The Troubles" – is an old one. For 30 years, from its beginnings in 1968 to the **Belfast Agreement in 1998,** it has dominated the lives of the people of Northern Ireland as well as British and Irish politics and has cost thousands of lives.

There are many misconceptions about this conflict, mainly it being a **religious conflict.** Although religion certainly plays an important part in the conflict, it is not a conflict about religion. The roots of the conflict go back far in Ireland's troubled history and have a lot to do with the fact that Ireland was Britain's first colony. The conflict is also about migration, settlement and "ethnic cleansing". And last, but not least, it's a **social conflict** about discrimination, inequality and civil rights.

The Peace process

The Belfast Agreement of April 1998 – often referred to as the **Good Friday Agreement** – marks the beginning of a difficult and lasting effort to end violence in Northern Ireland and find a permanent political solution for the province.

The Good Friday Agreement

A key element of the Good Friday Agreement is the devolution of some central government power in Northern Ireland to a Northern Ireland Assembly, a regional parliament, and the formation of a Northern Ireland Executive, a regional government. The concept of power sharing is central to both the Assembly and the Executive, i.e. representatives from both communities must be part of both institutions.

The first Executive started work in early 1999 but in October 2002 the British government suspended the Northern Ireland Assembly and brought back direct rule because of unresolved conflicts over **weapons decommissioning,** i.e. the surrender of arms by both loyalist and republican paramilitary groups, one of the major stumbling blocks in the peace process. On July 28, 2005 the IRA declared an end to the armed struggle and ordered its units to dump their arms, thereby removing one of these stumbling blocks.

Since the Good Friday Agreement all parties involved in the conflict, i.e. the British and Irish governments as well as nationalist and loyalist organisations, have tried hard to stop all violence and find a workable compromise that is acceptable to the "two communities" in Northern Ireland. There have been attempts at political power sharing and regional autonomy, so far without lasting success. Despite of this the situation in Northern Ireland proves that it is possible to stop sectarian violence even after 30 years of bloodshed and that political solutions are possible.

Ireland since the 1990s

Ireland's image in the world started to change with breathtaking speed in the early 1990s. Ireland experienced its **economic miracle** and the country was transformed. Today Ireland is one of the wealthiest countries in Europe; per capita income in the Republic of Ireland was higher than in Germany. In Northern Ireland "The Troubles" slowly came to an end, further improving Ireland's image in the world.

Celtic Tiger

The term "The Celtic Tiger" (which is used for both the period of time and the country during that period) was coined in the 1990s to describe the rapid economic growth of the Republic of Ireland between the early 1990s and 2007. It is an analogy to the term "tiger states" or "little tigers" which was used to describe countries in South East Asia like South Korea or Singapore during their period of rapid growth in the 1980s.

Among the **consequences** of the "Celtic Tiger" years were:

- **economic progress:** Incomes rose considerably while unemployment was at a very low level. The national infrastructure was constantly improved.
- **social change:** While Ireland had traditionally been a country of emigrants this trend was reversed. More people **immigrated** to the country than left it. Ireland became more **urbanized;** more and more people left the rural areas for the bigger cities.

  The importance of religion in Ireland has been reduced. Ireland is becoming a more secular country. Divorce is now possible, homosexuality has been legalised, and the country has had two women presidents in succession.
- **cultural Change:** The Irish music scene is no longer dominated by traditional groups like *The Dubliners* but by internationally highly successful groups like *The Cranberries* or *U2*. *U2*'s lead singer Bono even was an (unofficial) candidate for the post of president of the World Bank and has regular meetings with important world leaders.

Among the **causes** for Ireland's economic miracle were:

- the country's membership of the EU since 1973: Ireland got access to European markets, in addition to EU subsidies
- low wages, a well-educated, English-speaking labour force and low taxes which made it attractive for high profile companies like Intel or Microsoft to locate in Ireland
- the **Belfast Agreement** that brought growing stability to Northern Ireland and signalled a likely end to "The Troubles"

Economic aspects of modern Ireland

The economy of the Irish Republic, which mainly depended on agriculture for a long time, has changed completely during the past twenty years. By now, the services sector and the industrial sector have become the major sources of the Gross Domestic Product (GDP) and employ the larger part of the labour force. In the 1990s international companies opened production plants in Ireland. Important Industries for export are computer software, chemicals and pharmacology. Ireland exports almost twice as much as it imports.

Since 2008 Ireland has been in the grips of recession: A collapsing residential property market and a banking crisis led to an ensuing debt crisis. In 2010 the country was forced to accept loans of € 67.5 billion from the European Union and International Monetary Fund which will have to be paid back. Unemployment has constantly risen until it reached 14 % in May 2011. Despite its financial difficulties the Irish Republic is still considered attractive for foreign investment especially in the services sector. This is due to the availability of a young, well-educated, English-speaking workforce and a good communication infrastructure. Apart from this development the tourism, which has a long tradition, will be brought back into the focus of economic activities.

Currently Ireland is no longer one of Europe's poorhouses. It has joined Europe's highly developed countries on equal terms.

6.5 The United States – Political System

Characteristics of the US system of government

It is a federal system (federal government and state governments), a presidential system (the president has a dominant political position) and a system of checks and balances (division of political powers).

Federal republic

The government of the United States is a federal republic of 50 states, a few territories and some protectorates. The federal government is in Washington, D.C.

Presidential system

In a presidential system the president is elected separately from the legislative (Congress). Apart from being **head of state** and **head of government** (administration) the American President is also the **commander-in-chief** of the armed forces.

Branches of government

There are three branches of government: the **executive** branch (president, cabinet), the **legislative** branch (Congress consisting of the House of Representatives and the Senate) and the **judicial** branch (Supreme Court).

Checks and balances

Through an effective system of checks and balances the US constitution makes sure that no single branch of government holds total power and each branch can be overridden by another. The powers of the presidency are undoubtedly great, but they

are not unlimited. The Senate must approve most actions by the President. The President is free to choose the secretaries for his Cabinet, but the Senate must approve them.
The President has no way to introduce bills (laws) in Congress and he has no "built-in" majority in either the House of Representatives or the Senate. But he has the right to veto any bill passed by Congress, which then can only become law if two-thirds of the members of both houses vote in favour of it.

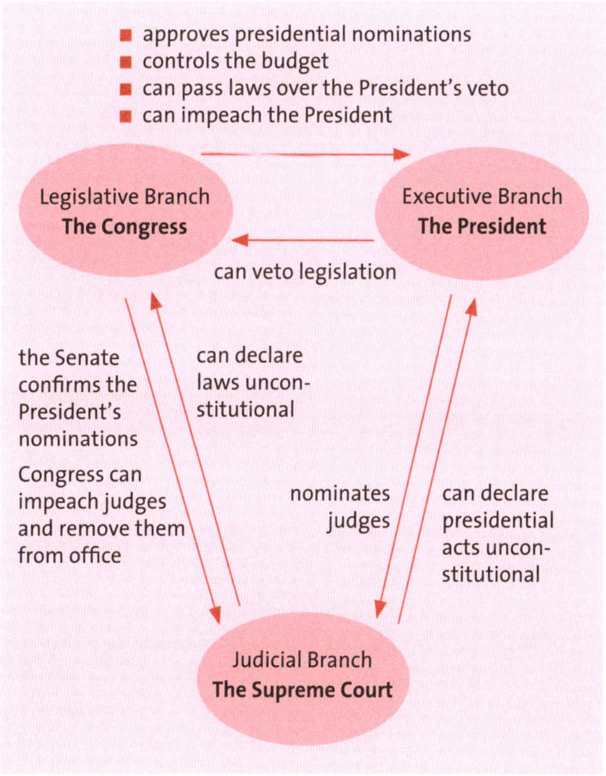

Elections

The President is elected to a **four-year term** and can only be **re-elected once**. The members of the House of Representatives are elected for a two-year term and they each represent a district in their home state. The number of Representatives from each state depends on the size of the population of the states: bigger states get more Representatives. The Senate consists of two Senators from each state. They are elected for a six-year term.

Presidential elections start with so-called primaries or caucuses whose aim it is to pick the presidential candidate most likely to succeed. In the summer of the election year the two big parties then nominate their candidates.

Parties

There are only two major parties in the US: the **Republican Party** and the **Democratic Party.** They are both "catch all" parties with a broad support base among the population. The real political differences between the parties are often minor. Their role in politics lies mainly in organizing support for their respective presidential candidates, especially before the presidential elections. Representatives and Senators are fairly independent from their parties and rely more on the voters in their electoral districts.

6.6 America and the World

The United States' role in international politics has often been governed by one of two attitudes: **isolationism and involvement.** For most of the 19th century the US kept out of international politics, which at the time meant mainly European politics. It was only during World War I that the United States gave up its traditional position of isolation and neutrality. But even then it reverted back to neutrality after the end of World War I for another couple of years. It was only in the context of World War II that the US got permanently involved in international politics.

The United States (US) and the Second World War

Although reluctant at first the US finally decided to join the war against Nazi-Germany in Europe in 1941, helped by Japan's attack on **Pearl Harbor** and Germany's declaration of war on the United States. The fact that the US entered World War II in Europe was the **decisive factor in bringing down fascism.**

The results of World War II changed the political map of the world: Germany was defeated, other European nations like Britain and France lost their status as world powers and the Soviet Union got a hold on Eastern Europe. Unlike after World War I the US decided to stay in Europe for good.

The Cold War

The new world order that emerged after World War II was a **bipolar** one. It was dominated by two superpowers – the Soviet Union and the United States –, which both tried to expand their spheres of influence and possessed huge amounts of nuclear arms. The competing interests of the two vastly different systems soon led to confrontation and the "Cold War", to the arms race and almost to a "hot war" as in the Cuban Missile Crisis of 1962.

Vietnam

To fight the Soviet Union's growing influence in South East Asia the US got involved in Vietnam in the early 1960s. What was at first meant to be a very reduced military involvement turned into an outright war lasting almost a decade. It was the war the US couldn't win. Nearly 60 000 American soldiers were killed in Vietnam. In 1973 the US withdrew its troops. Vietnam turned out to be the **American trauma** of the 20th century.

After the collapse of the Soviet Union

When the East-West-Conflict came to its surprising end with the downfall of the Soviet Union in 1991, the US suddenly found itself in the position of **the only world superpower.** It played an active role in the international conflicts that followed the end of the Soviet Union and the end of the bipolar world. At that time it looked as if the United States were prepared to act in accord with their European and other partners.

Nine-Eleven

The terrorist attacks on the World Trade Centre on September 11, 2001 changed US foreign policy. More than ever before, the US acted on its own. This became obvious when President Bush decided to attack Afghanistan in 2001 and Iraq in 2003 as part of his **"War on Terrorism".**

America is likely to play this role in the foreseeable future. This is not necessarily America's choice. As long as a stable new world order does not emerge, the US will be left in the position of the world's strongest power. Whether it will continue to act on its own or in cooperation with its partners remains to be seen.

6.7 American History

The American Revolution

The years 1775 to 1787 marked a new way of thinking about government and the fight for **independence.** The American Revolution started with the colonists' rebellion against the British Empire and ended with the ratification of the constitution. It is often considered to be the first "modern" revolution and is in some ways a model for future revolutions like the French Revolution of 1789.

The American Revolution was sparked off by a series of disputes about taxation between the British parliament and the 13 British North American colonies. The colonies were afraid of losing their traditional rights of self-government. The war between the British army and the American militia (which later became a regular army led by **George Washington**) ran in parallel with attempts by the colonists to form a federal government.

On **July 4, 1776** the second Continental Congress meeting in Philadelphia declared the independence of the United States from Britain in the famous **Declaration of Independence.** The war with Britain ended with the Treaty of Paris (1783).

Over the following years the United States developed its federal institutions, culminating with the ratification of the constitution and the election of George Washington as the first president of the United States in 1789.

Manifest Destiny: Manifest Destiny (obvious fate) was the belief that it was the United States' divine mission to expand itself and its system of government from ocean to ocean and to the western frontier.

In practice Manifest Destiny meant the United States' territorial expansion across the North American continent in the second half of the 19th century. **The West** (↑S. 168) became the new **Frontier**. The **Native Americans** were most adversely affected by traders and settlers moving west because more and more people were threatening their way of life and driving them from their native lands.

6

The Civil War

From 1861 to 1865 the American Civil War was fought between the 23 northern states (the Union) and the eleven southern states (the Confederation). It was about slavery and states' rights and cost between 600,000 and 700,000 lives.

The years between 1861 and 1865 were the most troublesome in American history. The relatively young nation was torn apart in a bloody civil war about the issues of **slavery** and states' rights. The dividing line ran between the prospering Northern states whose economic system was based on industrialisation and wage labour and most of the Southern states whose economic system was based on agriculture and slavery. The defeat of the Confederation in 1865 brought an end to slavery and strengthened the federal government but left the country divided for a long time.

The 20th century

The 20th century was a time marked by radical and often drastic changes, which led up to America's role as a world power.

The Great Depression

The Great Depression of the late twenties and early thirties ended a period of great prosperity following the end of World War I. It was the biggest economic crisis the United States and the world had experienced so far. President Roosevelt managed to fight the Great Depression by introducing elements of government regulation of the economy and some elements of social security. It was World War II, however, that finally pulled America out of the Great Depression.

The Great Depression was caused by two main factors: after years of economic growth the capacity to produce goods had reached an unprecedented level. Wages, however, had never risen as much. Simply put, there were not enough people to buy all the things the economy could and did produce. As a result the economy crashed in 1929 and took almost a decade to completely recover. The main effects of the economic crisis were deflation and very high unemployment of up to 25%.

After his election in 1932 President **Franklin D. Roosevelt** immediately started a government programme to fight the Great Depression. The so-called **New Deal** mainly consisted of agricultural subsidies and production controls and of government-funded public works programmes to fight unemployment. It was influenced by the ideas of the economist **John Maynard Keynes,** who pleaded for a stronger role of the state in the running of the economy. Equally important was the **Social Security Act** of 1935, which set a framework for the development of the American welfare system.

Although the US never followed the European model of the welfare state, it nevertheless set the foundations for basic social security in the 1930s. The Social Security Act provided financial assistance to the elderly, the handicapped and the unemployed. **The National Labor Relations Act** granted the right of labor unions to exist and the Fair Labor Standards Act established a maximum normal work week of 40 hours.

The Civil Rights Movement

The 1960s saw the mainly peaceful fight of Afro-Americans for freedom and equal rights. Led by Martin Luther King and others the Civil Rights Movement managed to improve political rights for Afro-Americans. The Black Power Movement was also important in the 1960s.

Vietnam: The war in Vietnam – which was intensely covered by the media and is sometimes called the first "television war" – led to a widespread antiwar movement in the United States. First to oppose the war were students (which also opposed conscription to the armed forces), but later the opposition against the war found widespread support in many groups of society. The war in Vietnam polarized the people in the US and traumatized the nation.

The American West – often simply called the West – is both a name for a geographical area and a myth. Geographically it describes the region comprising the 17 most western states in the United States such as Texas, Washington, California and others. The Mississippi River has traditionally been the dividing line between "East" and "West". The West comprises more than half of the land area of the United States, with Texas being the largest and California the most populous of the western states.

Western states

- Washington
- Oregon
- California
- Idaho
- Nevada
- Montana
- Wyoming
- Utah
- Arizona
- Colorado
- New Mexico
- North Dakota
- South Dakota
- Nebraska
- Kansas
- Oklahoma
- Texas

The myth

As a myth – like in the Wild West – the term describes a time in American history and a way of life that many people associate with cowboys, settlers, Native Americans, the buffalo and gold diggers. Many people still dream about the "olden times" in the West which is reflected by the fact that Western movies are still a popular genre, that memorabila of the time are a valuable merchandising product in Californian or Texan tourist industry, and that Western shows attract a great number of spectators.

Native Americans

While "the West was won" one group suffered badly from this development. Many native tribes – or nations – fought the expansion west of miners, settlers and ranchers, the most prominent of them being the **Sioux** and the **Apaches.** Although they won the occasional victory like in the **Battle of Little Big Horn** in 1876, the native tribes were defeated by the whites both militarily and because their means of subsistence, the buffalo, had been killed off almost completely by white hunters. Today there are about 1.6 million Native Americans, nearly all of them living in the western states.

For most of the 19th century the West was America's **Frontier:** geographically because the nation wanted to expand its territory to the shores of the Pacific Ocean, and as a challenge to overcome any barriers that might stand in its way. It was perhaps the railway which symbolised that **Frontier spirit** more than anything.

The West today

Today the West is one of America's more prosperous areas. The state of **California** alone is responsible for 13.1% in 2010 of the United States' gross domestic product (GDP). The great scenic beauty of the West with its many National Parks is one of its main attractions, drawing millions of tourists every year. Although agriculture is still California's biggest industry, these days people probably associate the high-tech firms in **Silicon Valley**, the entertainment industry of **Hollywood** or the aerospace industry with the West. California has also been a leader in cultural change, influencing the rest of the US with developments like gay rights, personal fitness and flower power.

6.8 The American Dream

The American dream

"Work hard and you will achieve prosperity" – this is the essence of the American dream. It is influenced by the *Protestant work ethic*, which believes that it pleases God if people work hard and make money. The idea of the American dream puts responsibility squarely on each individual's shoulders: it's up to you if you are successful in life; it's your own fault if you don't make it.

The American dream is both myth and reality. For many the old cliché "from dishwasher to millionaire" still holds a promise and for a few it still holds some truth. American success stories like the one about the young weight lifter who came to the US in the late 1960s with little else but his will to succeed and became a movie star and a national political figure still happen. But there is also the dark side of the American dream: for every individual or group that "makes" the American dream there are thousands of others that don't make it.

Two sides of the American dream

In the early 1960s two leaders of the Black Movement expressed their views of the American dream. In his famous Washington speech **Martin Luther King** quoted from the Declaration of Independence and said:

"I still have a dream. It is a dream deeply rooted in the American dream. I have a dream that one day this nation will rise up and live out the true meaning of its creed: – 'We hold these truths to be self-evident, that all men are created equal.'"

The **Civil Rights Movement,** of which King was the most prominent leader, tried to achieve the blacks' share of the American dream through equal rights and better opportunities for Afro-Americans. In this, the Civil Rights Movement succeeded to a large degree. Forty years later the social standing of many Afro-Americans has greatly improved. There is now a considerable black middle class.

At about the same time as M. L. King another, more radical black leader – **Malcolm X** – also expressed his views of the American dream: "I see America through the eyes of a victim. I don't see any American dream. I see an American nightmare."

Even today this is true for a large number of blacks. Afro-Americans are still worst hit by poverty. Almost a quarter of them are considered to be poor. Many of them live in urban ghettos with high crime rates, bad schools and broken families.

Poverty in the United States

About 46.2 million people were considered to be poor in the United States in 2010 – almost 15.1 % of the total population. These were the poverty rates among some of the ethnic minorities: Blacks 27.4 %, Hispanics 26.6 %, Asian and Pacific Islanders 12.1 %. As far as America's regions are concerned the South had the highest poverty rate (17 – 20 %). Among people living inside central cities the poverty rate varies between 8.4 % to 33.4 % while it varies a lot among people living outside metropolitan areas. Worst hit by poverty were families with a female householder and no husband present (26.6 %).

Criticism of the American dream

The concept of the American dream has been criticized a lot; the main criticism being that it is misleading. These critics believe that there are many reasons why it is impossible for each and every individual to be "successful" in life through determination and hard work. This criticism has been very much a part of American popular culture. Among others, Arthur Miller's play *Death of a Salesman* and the film *Easy Rider* are two well-known examples.

Melting pot or salad bowl?

Melting pot

The term "melting pot" is a metaphor: people from different cultural backgrounds are thrown into a pot (America) and processed in it; as a result all assume a new identity as Americans. It stands for the idea that newcomers to a country assimilate, i.e. give up most of their original cultural identity and assume the cultural identity of their new home country. The term is sometimes used to describe the concept that in the United States "individuals of all nations are melted into a new race of men".

Salad bowl

The term "salad bowl" is also a metaphor: people from different cultural backgrounds are thrown into a salad bowl; although they become part of a new entity/product they do not mix but keep most of their original flavours/identities. This means that newcomers to a country do not assimilate but keep their original cultural identity. The term is sometimes used to describe the reality of multiculturalism in the United States.

Historically one can argue that the "older" groups of immigrants that came to the United States in the 19th and early 20th century were mainly of the melting pot type. Between 1820 and 1960 a total of 42 million people immigrated; 34 million were from Europe. **Immigrants from Europe** – Irish, Italian, German, Scandinavian and others – were assimilated into American society without completely losing their cultural roots. There still are strong communities of Irish-Americans or Italian-Americans today. But the "Irish" or "Italian" only shows were they originally come from; there is no doubt that these groups would primarily define themselves as American.

With "newer" groups of immigrants that immigrated in the second part of the 20th century things are different. Coming mainly from Asia and **Latin America** these immigrants assimilated far less easily into American society. The majority of them kept strong cultural ties with their countries of origin, especially the **language**. In some parts of the American South, Spanish now is in fact a second language that is spoken in many schools and on radio and TV stations. These immigrants are part of America's **multicultural** salad bowl.

In 2010 a total of roughly 40 million people in the USA were foreign born. Of these almost 4 million were born in Europe, close to 16 million in Asia and well over 12.5 million in Latin America. 1.3 million were born in other areas of the world. This clearly shows recent trends of immigration to the US: the majority of immigrants – many of them so-called illegal aliens – come from Latin America, especially **Mexico.**

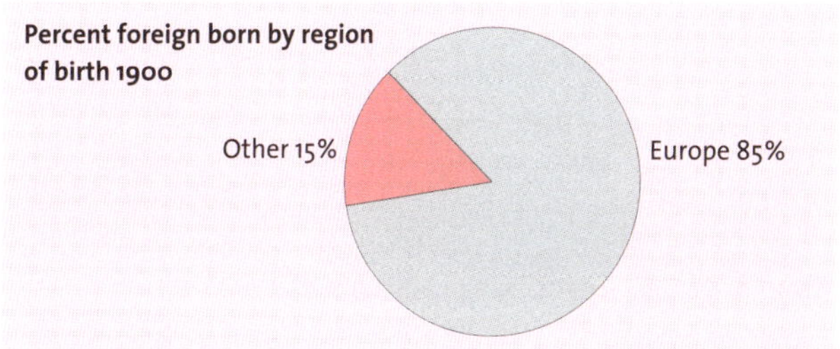

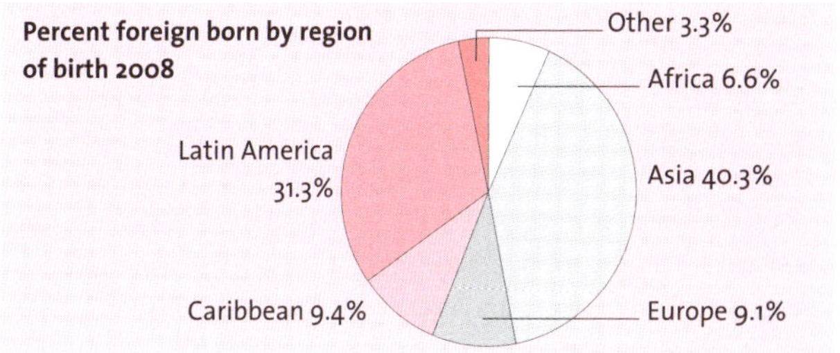

6.9 Global Issues

Technological Progress

Due to technological progress human life has changed in many ways. Modern means of transport and the advancement of communication technology have accelerated and revolutionized our way of living.

Genetic engineering

With the help of genetic engineering new ways of producing greater quantities of food, e. g. genetically altered food, have become possible. Critics, however, fear a loss of agricultural diversity. They also warn of the long-term effects of producing and eating genetically altered food which have not yet been investigated into. Scientists have been able to trace the genetic causes of diseases (cancer, diabetes); these findings and human gene therapy may help prevent the outbreak of such a disease.

Genetic engineering often meets with strong opposition because it implies human interference with nature. Legal restrictions have been imposed on stem cell research using cells of human embryos.

Mass production and mass consumption

Since the early 20th century industrialized countries have benefitted from the introduction of the assembly line system and its consequence, mass production. It made the number of jobs grow and proved how important social security was to have an ever increasing number of consumers.

Many industries were able to expand, which offered new jobs in urban areas and produced goods which were affordable to the masses. This upward moving spiral, however, depended on the consumer's wish to throw away old goods in order to acquire newer and more attractive ones ("throw-away society").

Population growth

Fast developing countries like India have to cope with the problems of overpopulation and urban expansion. There is a the gap between the rich elite and a large proportion of people living below subsistence level, either in slums or in rural areas. Here natural catastrophes, e. g. flooding or droughts, lead to severe setbacks and emergencies.

Environment

The emissions of growing industries, the production of waste and the increase of traffic all over the world put a severe strain on the environment. Apart from dwindling resources and vanishing habitats gobal warming and climate related natural catastrophes are seen as the consequences. The Kyoto Convention on Climate Change of 1997 has made an attempt to commit many nations to reducing their CO_2 emissions ("greenhouse gases"). Until the agreement ends in 2012 new ways must be found to prevent the Earth's median temperature from rising more than 2 degrees Celsius.

Globalization

Electronic communication systems and modern transport have given international companies the chance to operate globally. Globalization does not only signify the predominant influence the western industrialized nations have on the economies and lifestyles in the world. Advocates of globalization also see the necessity of international cooperation in preventing international conflicts and stopping climate change. Opponents fear the increasing dependence of the developing countries on the western world. Their chances of ever escaping the vicious circle of debts and poverty will dwindle to nothing. Globalization presents a threat to advanced industrialized nations, too. They are vulnerable to minor crises on the global market.

7 Methoden

Wichtige Grundbegriffe

Methodenkompetenz	
Sie hilft, geeignete Methoden anwenden zu können, um Problem- und Fragestellungen gezielt zu lösen.	Lernprozesse selbst organisieren • Thema erschließen
Lern- und Arbeitstechniken: Diese Techniken oder Mikromethoden umfassen grundlegende Fähigkeiten und Fertigkeiten wie Notizenmachen oder Berichteschreiben.	Lesetechniken • Gliedern • Visualisieren • Arbeitsplanung
Gesprächs- und Kooperationstechniken: Diese Techniken umfassen insbesondere kommunikative Fähigkeiten und Fertigkeiten wie aktives Zuhören oder die Leitung eines Gesprächs.	Freie Rede • Präsentationstechniken • Zusammenarbeiten • Konfliktmanagement

Medienkompetenz	
Dies bedeutet, Medien und deren Inhalte so zu nutzen, dass die eigenen Bedürfnisse dabei berücksichtigt werden. Sie gliedert sich in Unterbereiche: ■ technische Kompetenz ■ Informationskompetenz ■ Handlungskompetenz	Recherche im Internet • Powerpoint-Präsentation • Browser nutzen • Websites finden • Referate halten

7.1 Medienkompetenz und Präsentation

In der Oberstufe, aber auch danach, im Studium oder Berufsleben, wird häufig erwartet, dass man ein **Referat** *(talk)* hält, eine **Präsentation** *(presentation)* vorbereitet oder eine längere schriftliche Arbeit in Form einer **Facharbeit**, einer **Hausarbeit** oder eines **Berichts** *(essay, report)* verfasst.

Vorbereitung

Themenauswahl

Meist wird ein Thema in allgemeiner Form vorgegeben. Danach muss man allerdings selbst einen Schwerpunkt innerhalb dieses Themas bestimmen oder eine Auswahl an Unterthemen treffen, die man bearbeiten will. Wichtig ist, dass das Thema für eine schriftliche Arbeit oder ein Referat nicht zu umfangreich ist, sonst besteht die Gefahr, sich zu verzetteln. Hier gilt: Manchmal ist weniger mehr!

Ein nützliches Werkzeug, um sich einen Überblick über ein Thema zu verschaffen, ist eine **Mind-Map** (↑S. 102).

Sobald die Entscheidung für einen bestimmten Aspekt gefallen ist, sollte das Unterthema, welches nun Hauptthema des Referates oder der Facharbeit ist, gegliedert werden und die Suche nach geeigneten Materialien beginnen. Dabei kann es sich um Texte, Schaubilder, Karten, Fotos, Illustrationen, Karikaturen und eventuell auch Tondokumente oder (kurze) Videos handeln.

Materialien finden

Neben den im Topthema (↑S. 180) genannten elektronischen Ressourcen kommen Printmedien in Betracht: Lexika, Enzyklopädien, Fachbücher, (Fach-)Zeitschriften, Zeitungen und nicht zuletzt auch Schulbücher. Da die Arbeit auf Englisch verfasst bzw. präsentiert wird, sind auch ein- und zweisprachige Wörterbücher und wissenschaftliche Sammelwerke unverzichtbar.

Materialien erarbeiten

Nach Abschluss der Materialsuche liest man die gesammelten Unterlagen und durchsucht sie nach relevanten **Informationen** und Aussagen. Die Informationen können in Form von Notizen zusammengetragen werden – „traditionell" in Form eines Zettel- oder Karteikastens oder mithilfe der Textverarbeitung am PC. Auf der Grundlage dieser Notizen verfasst man dann eine **Gliederung** *(chapter, subchapter)*, die das Thema übersichtlich gestaltet und einen roten Faden vorgibt. In einer Facharbeit kann man diese Gliederung als Inhaltsverzeichnis verwenden.

Mithilfe der Gliederung und der Notizen wird dann das Referat ausgearbeitet bzw. der Text der Facharbeit ausformuliert und aufgeschrieben.

Korrekte Quellenangaben und Zitierweise

Alle Materialien (auch Webseiten!), die in einer Arbeit benutzt werden, müssen in einer Literaturliste *(bibliography)* angeführt werden. Mögliche Zitierweisen hierfür sind:

- "Sudan in crisis". *TIME*, 18 July 2011: 18–23.
- Auster, P. (2010). *Sunset Park.* New York: Macmillan.
- UN Millenium Development Goals. 13 March 2004, www.un.org/milleniumgoals/.

Die Art und Weise des Zitierens ist grundsätzlich frei, solange sie *konsequent* verwendet wird. **Wörtliche Zitate** werden im Text so ausgewiesen (↑S. 104):

Beispiel: Moore states that the "idea that having a gun is the only way to ensure 'home protection' is a myth." (*Moore* 2001, Seitenzahl)

Wird eine Aussage nur **sinngemäß** übernommen (Paraphrase), kann man schreiben:
Beispiel: The possession of handguns does not automatically mean that the house is safer. (*Moore* 2001, Seitenzahl)

Vortrag vorbereiten

- Die wichtigsten Gedanken werden in Stichworten oder kurzen Sätzen auf einer Karteikarte notiert.
- Die Hauptpunkte der Argumentation sowie Beispiele, Erläuterungen oder Fallschreibungen werden eingefügt.
- Die Beziehungen zwischen den Argumenten werden in die Notizen mit aufgenommen.

Eine Karteikarte für das Thema "globalization", die die wichtigsten Gedanken enthält, könnte etwa so aussehen:

Introduction: The impact of globalization on our lives

– show photograph "Mc Donald's"
– ask students to comment on what they see
– facts on what some people call "McDonaldization"
– more examples (some shops in all big cities, internet, MTV etc.)

Vortrag

Materialien präsentieren

In aller Regel wird erwartet, dass die Arbeit der Klasse vorgestellt wird. Im Falle einer schriftlichen Fach- oder Hausarbeit sieht dies oft so aus, dass nur die **wesentlichen Ergebnisse** der Arbeit zusammenfassend mündlich dargestellt werden. Hier ist wichtig, den Zuhörern eine schriftliche Hilfe zur Orientierung an die Hand zu geben. Geeignet ist hierfür ein **Handout** bzw.

ein **Thesenpapier,** das zusätzlich auch als Transparentfolie *(transparency)* für den Overheadprojektor eingesetzt werden kann. Immer häufiger nehmen solche Projektvorstellungen die Form von Präsentationen im Multimediaformat an, und oft wird der Klasse ein **mediengestützter Vortrag** geboten. Auch in diesem Fall bietet sich ein Handout als Begleitmaterial an. Im Mittelpunkt stehen die Folien, die z. B. mit Powerpoint oder Open Office Impress erstellt wurden (**Folienpräsentation**). Dennoch ist der mündliche Vortrag die wichtigste Komponente der Präsentation.

Visuelles Material

Visuelles Material dient dazu, eine Präsentation zu bereichern, Aussagen zu unterstützen und das Verständnis zu erleichtern. Bei visuellen Materialien kann grob unterschieden werden zwischen Diagrammen, Graphen, Karten, Fotos, Illustrationen und Karikaturen.

Auditives und audiovisuelles Material: Tonmaterialien (z. B. Redeausschnitte, Interviews, Reportagen) können ebenfalls zur inhaltlichen Ergänzung und Vertiefung einer Themenstellung dienen. Auch sie sollten eine Funktion besitzen und nicht einfach zur Auflockerung eingebracht werden. Gleiches gilt für analoges oder digitales Filmmaterial.

Texte in der digitalen Präsentation

Texte sind meist die Grundlage für die Erarbeitung eines Themas. Im Rahmen einer digitalen Präsentation spielen Texte allerdings eine eher nachgeordnete Rolle. Wenn eine Präsentation mit einem Präsentationsprogramm wie Powerpoint oder Open Office Impress erstellt wird, können längere Textausschnitte nicht eingesetzt werden, da niemand gern lange Textpassagen am Bildschirm oder an der Wand (Beamer) liest. Texte müssen deshalb so verdichtet werden (Listen, Thesen usw.), dass sie von den Zuhörern noch aufgenommen werden können.

Bevor eine digitale Präsentation vorgeführt wird, ist ein **Probedurchlauf** sinnvoll, um technische Probleme zu vermeiden. Die Folien sollten auch dann gut leserlich sein, wenn sie mit Hilfe eines Beamers projiziert werden (Farben, Schriftgrößen).

Tipps für den mündlichen Vortrag

- Das Thema nennen und einen Überblick über die Gliederung geben,
- unbekannte Wörter vorab/während des Vortrags erläutern,
- nicht von Karteikarten ablesen, sondern frei sprechen und die Karteikarten nur zur „Navigation" des Vortrags nutzen,
- deutlich und nicht zu schnell sprechen; Pausen einlegen,
- auf die Reaktionen der Zuhörer achten,
- am Schluss der Präsentation die Hauptpunkte noch einmal kurz zusammenfassen,
- den Zuhörern für ihre Aufmerksamkeit danken und sie zu Fragen oder Kommentaren auffordern.

Bewertungskriterien für eine Präsentation

- formale Aspekte, z. B. Gliederung, Zitierweise, Quellenangaben, Lesbarkeit, Wahl der Schriften und Farben,
- sinnvolle Gliederung des Inhalts und eigene Aufarbeitung des Themas (z. B. in Form einer Problembearbeitung mit Lösungsvorschlägen und eigener Stellungnahme),
- angemessene und verständliche Form der Darbietung des Inhalts, sinnvolle Wahl von Unterthemen,
- sprachlich angemessene Form, z. B. formaler Stil, Sorgfalt im Manuskript (keine Flüchtigkeitsfehler), angemessene Wortwahl, eigene Sprache,
- sinnvoller Einsatz multimedialer Elemente (kein „Overkill"): Sind die multimedialen Elemente lediglich illustrierend oder tragen sie zum Verständnis des Themas entscheidend bei?

Medien, die Daten in digitaler Form verarbeiten, fasst man unter der Sammelbezeichnung digitale Medien zusammen. Beispiele für digitale Medien sind CD-ROM, DVD, E-Mail und das World Wide Web.
Eng verwandt ist der Begriff **Multimedia**, d. h. die Verbindung mehrerer digitaler Medien wie z. B. Text, Bild, Audio und Video mithilfe des PC.

Elektronische Ressourcen

Unter elektronischen Ressourcen versteht man Suchmaschinen, Kataloge, Datenbanken, Webportale, Online-Ausgaben von Zeitungen, Zeitschriften und Radio-/Fernsehsendern sowie Archive, Onlinewörterbücher und Lexika oder Enzyklopädien.

Internet

Das *World Wide Web* ist ein gigantisches Netzwerk, das einen weitgehend ungehinderten Zugang zu Inhalten und Informationen jedweder Art (kulturell, politisch, privat) ermöglicht. Wer sich im Überangebot des Internets zurechtfinden will, muss wissen, wie man Informationen findet und bewertet.

Suchmaschinen und Kataloge

Suchmaschinen *(search engines)* durchsuchen die Inhalte des World Wide Web und filtern sie so, dass eine Suche unter Berücksichtigung verschiedener Kriterien (Stichwörter, Volltext usw.) möglich wird.
Kataloge *(web directories)* werden nicht von Suchrobotern, sondern von Menschen gestaltet. Hier gliedern Redakteure das Angebot nach inhaltlichen Kriterien.

Die digitale Suche

Bei einer „einfachen Suche" innerhalb dieser elektronischen Ressourcen wird oft eine unüberschaubare Menge an Daten geliefert. Zur Eingrenzung sollte man daher die Möglichkeiten der sogenannten „erweiterten Suche" effektiver nutzen.

Beispiel für eine erweiterte Suche bei Google

Aktuelle englischsprachige Seiten, die sich ausschließlich dem Thema *globalization* widmen, findet man am sinnvollsten so:

- unter www.google.de „Erweiterte Suche" bzw. "Advanced Search" neben dem Eingabefeld auswählen,
- in das Feld „mit allen Wörtern" das Wort *globalization* eingeben, im Feld „Sprache" „Englisch" auswählen,
- in den Feldern „Dateiformat" „Ausschließlich" und „Microsoft Powerpoint" auswählen,
- im Feld „Datum" „im letzten Jahr" auswählen,
- im Feld „Position" „in der URL der Seite" auswählen.

Es werden nun ausschließlich Treffer von Seiten angezeigt, die den oben genannten Kriterien entsprechen.

Beispiel für eine Katalogsuche mit Yahoo

- Die Seite www.yahoo.com öffnen und "Directory" auswählen,
- globalization in die Suchmaske eingeben und auf "Yahoo! Search" klicken.

Als Ergebnisse werden oben eine kleine Liste „benachbarter" Themenbereiche und darunter die eigentlichen Treffer angezeigt. Alternativ zur Suche im Katalog kann man sich auch direkt zum Thema Globalisierung durchklicken: im "Yahoo! Web Directory" (weiter unten auf der Seite) die Kategorie "Business", anschließend die Kategorie "Global Economy@" auswählen.

Online-Angebote der Massenmedien

Sehr ausführliche Listen von Zeitungen, Zeitschriften usw. weltweit bieten:

- die Internet Public Library (www.ipl.org) (unter "Reading Room")
- die Languagebox (www.languagebox.com/Home.htm) (unter "Ressources")

Die Listen sind meist nach Ländern bzw. Kontinenten, manchmal auch alphabetisch sortiert. So macht es keine Probleme, rasch eine geeignete Quelle zu finden.
Auch Google ermöglicht die Suche nach aktuellen Zeitungsartikeln (http://news.google.com).

Enzyklopädien

Enzyklopädien sind umfassende Nachschlagewerke. Die wichtigsten Enzyklopädien liegen inzwischen auch auf CD-ROM oder DVD vor und sind z.T. im Internet verfügbar. Beispiele für elektronische Enzyklopädien sind:

- der Brockhaus multimedial
- die Encyclopedia Britannica (www.britannica.com)

Archive für audiovisuelle Materialien

Diese Archive bieten Audio- und Videodateien in unterschiedlichen Formaten an. Während man auf den Seiten der BBC fast ausschließlich so genannte „Streaming-Dateien" findet, die man zwar ansehen bzw. anhören, nicht jedoch speichern kann, gibt es bei den anderen beiden Adressen auch Materialien, die legal auf den eigenen Rechner heruntergeladen werden können:

- BBC (www.bbc.co.uk)
- Freedom Archives (www.freedomarchives.org)
- Internet Archive (www.archive.org)

ÜBERBLICK: Vokabular für den mündlichen Vortrag

- **general vocabulary:**

to research the internet, to do library research
to retrieve information, to compile information
to make a presentation, to give a talk (about)
to distribute a handout

- **media:**

screen, monitor, computer, transparency, handout
Powerpoint presentation
to open/to play a file

- **written presentation:**

cover sheet, table of contents
chapter/subchapter, caption, bibliography

- **maps:**

road map/city map
physical map/thematic map

- **statistics:**

table, grid, figure, percentage
bar chart/pie chart/flow chart
line graph

- **pie chart:**

The chart deals with/is about ...
The chart shows/reveals...
The whole circle stands for...
The segment stands for ...

- **developments:**

to decline/to fall by 40 %
to plummet/to plunge
to rise/grow/to increase
to rocket/to soar

1 Der Prüfungsstoff

USA

Melting pot theory
- myth and reality ↑ S. 172 f.
- ethnic groups, integration and assimilation

Landmarks in US history
- American Revolution and the Declaration of Independence ↑ S. 164
- Manifest Destiny ↑ S. 165
- the myth of the American West ↑ S. 168 f.

The American Dream
- myth and reality ↑ S. 170
- Civil Rights Movement ↑ S. 167

US system of government ↑ S. 160–162
- federal system
- presidential system
- checks and balances
- political parties

America's role in world politics
- US involvement in international conflicts ↑ S. 163
- Nine-Eleven and the war on terrorism ↑ S. 164

Texts for analysis

Non-fictional texts
- text types ↑ S. 56–58
- political speeches ↑ S. 66 f.
- types of newspaper articles ↑ S. 63 f.
- quality press / popular press ↑ S. 59–61
- film scenes ↑ S. 91–97

Poetry
- types of poems ↑ S. 68, 81 f.
- figurative language ↑ S. 14, 50 f.
- sound devices ↑ S. 83
- structural patterns ↑ S. 49, 81, 84

Epochs and authors
- Shakespeare's sonnets and plays ↑ S. 87
- science fiction and dystopian literature ↑ S. 89
- post-colonial literature ↑ S. 89

Narrative texts
- narrator and point of view ↑ S. 69 f.
- narrative techniques: mode of presentation, plot, expansion/compression of time ↑ S. 70–72
- typical features of the short story ↑ S. 72–74
- satire ↑ S. 89, 116

Drama
- dramatic structure ↑ S. 77
- presentation of dramatic characters ↑ S. 78
- techniques of stage performance ↑ S. 75
- typical features of modern drama ↑ S. 79, 88 f.

Was kann drankommen?

Great Britain and Ireland

Landmarks in British History
- struggle for parliamentary rights
- Elizabethan age ↑ S. 86

Britain today
- political parties and elections ↑ S. 146
- role of monarchy ↑ S. 145
- Britain and Europe ↑ S. 148 f.
- school system

Ireland
- religious and political conflict in Northern Ireland ↑ S. 156
- peace process ↑ S. 156 f.
- recent social, economic and cultural developments: "The Celtic Tiger" ↑ S. 158 f.

Commonwealth

Great Britain and its former colonies
- Empire and Commonwealth ↑ S. 150
- decolonization ↑ S. 151
- immigration and ethnicity ↑ S. 153–155
- problems of Third World countries
- special countries: India, Nigeria, Ghana, New Zealand, Australia

Global Issues

Technological progress ↑ S. 174
- industrialization
- nuclear power
- information technology
- genetic engineering and ethics

Environment ↑ S. 175
- pollution and pollution control
- climate change
- protection of wildlife and natural resources
- waste production and waste disposal

Risks and chances of globalization ↑ S. 175
- globalization and cultural diversity
- globalization and developing countries
- international peace-keeping

Population growth ↑ S. 175
- overpopulation
- urban expansion
- energy consumption
- alternative sources of energy
- food and water shortage

2 Die Klausur

2.1 Inhalt und Aufbau einer Klausur

Im Fach Englisch werden für die schriftliche Abiturklausur in der Regel zwei Aufgaben zur Auswahl angeboten: Man hat die Wahl zwischen einer Aufgabe zu einem fiktionalen Text und einer Aufgabe zu einem Sachtext. Die ausgewählte Aufgabe muss vollständig bearbeitet werden.
Eine Abituraufgabe in Englisch bezieht sich in der Regel
- auf einen Text oder
- auf die Kombination eines Textes mit einer Abbildung (z. B. Foto oder Karikatur) oder einer Statistik oder
- auf die Kombination eines Textes mit einer Hör- oder Filmszene.

Die Aufgabenstellung verteilt sich auf mehrere, miteinander verbundene Teilaufgaben, die sich hinsichtlich ihres Schwierigkeitsgrads unterscheiden. Die Teilaufgaben
- können meist **drei** unterschiedlichen **Anforderungsbereichen (AFB)** zugeordnet werden und unterscheiden sich daher auch hinsichtlich der Punktzahl, die erreicht werden kann.
- haben einen **Schwerpunkt im AFB II,** in dem der Untersuchungsgegenstand analysiert werden muss.
- , die ausschließlich im AFB I liegen, werden nicht als ausreichend gewertet. Gute und bessere Bewertungen verlangen Leistungen in den AFB II und III.

Die Aufgabenstellung verlangt eine Lösung in Textform. Neben der inhaltlichen Leistung fließen auch folgende Aspekte mit bis zu insgesamt 60 % in die Gesamtnote ein: sprachliche Richtigkeit, korrekte Verwendung der Fachbegriffe, stilistische Angemessenheit und Präzision des Ausdrucks.

Anforderungsbereiche (AFB)

Anforderungsbereich	Bedeutung	erreichbare Punkte
AFB I: Reproduktion *(comprehension/ orientation/context)*	Sachlich richtige und unkommentierte Wiedergabe der Hauptaussagen des zu untersuchenden Textes; Nachweis des Textverständnisses	ca. 25 von 100 Punkten
AFB II: Reorganisation und Transfer *(analysis)*	Selbstständiges Anwenden von Kenntnissen und Fachmethoden (Verfahren und Fachsprache der Textanalyse)	ca. 40 von 100 Punkten
AFB III: Reflexion und Problemlösung *(evaluation/comment/creative writing)*	Selbstständiges Deuten, Argumentieren, Bewerten oder Gestalten; selbstständiges Entwerfen von Lösungen	ca. 35 von 100 Punkten

2.2 Die Operatoren

Die Aufgabenstellungen werden mit sogenannten Operatoren formuliert. Das sind **Arbeitsanweisungen,** denen unterschiedliche Anforderungsbereiche entsprechen. Sie liefern wichtige Hinweise auf die Tätigkeiten, die beim Bearbeiten der Aufgaben von Ihnen erwartet werden. Achten Sie daher beim Lesen der Aufgabenstellung auf den genauen Wortlaut der Operatoren. Operatoren des Anforderungsbereiches II wie "*Analyse …*" oder "*Examine …*" werden Sie gerecht, wenn Sie die Struktur und die Sprache des vorgelegten Textes genau untersuchen sowie Ihre Überlegungen durch Textzitate nachvollziehbar machen. Vermeiden Sie reine Inhaltswiedergaben.

Anforderungsbereich I: Reproduktion

Operator	Bedeutung
Describe ...	Schrittweise Beschreibung eines Vorgangs oder die möglichst präzise und strukturierte Darstellung eines Gegenstands
Outline ...	Einen Sachverhalt oder eine Meinung auf das Wesentliche reduziert darstellen
State ...	Im Text vertretene Sachverhalte, Meinungen oder Entwicklungen sorgfältig und klar definieren
Point out ...	Zentrale Sachverhalte, Probleme oder Aussagen herausfiltern sowie treffend und verständlich erläutern
Present ...	Zusammenstellung der im Text gelieferten Informationen unter einem bestimmten Aspekt
Summarize .../ Write a summary .../ Sum up ...	Die wichtigsten Punkte einer Fragestellung komprimiert und strukturiert darstellen

Anforderungsbereich II: Reorganisation und Transfer

Operator	Bedeutung
Analyse .../ Examine ...	Bestimmte Aspekte oder Merkmale des Textes ausführlich und unter Verwendung der Fachsprache beschreiben und ihre Funktion im Hinblick auf die Textintention erläutern
Characterize .../ Write a characterization of ...	Art und Weise der Figurendarstellung in einem Text beschreiben und untersuchen
Classify .../ Categorize ...	Textbestandteile aufgrund gemeinsamer Merkmale zu Gruppen zusammenfassen

Operator	Bedeutung
Explain …	Genaue Erläuterung eines Sachverhalts und des Sachzusammenhangs (z. B. Gesetzmäßigkeiten, Ursachen)
Illustrate …	Mithilfe von Beispielen einen Sachverhalt veranschaulichen
Interpret …	Die Bedeutung eines Textes oder Textteils feststellen und nachvollziehbar begründen
Compare …	Übereinstimmungen und Unterschiede zwischen Bestandteilen eines Textes am Text nachweisen

Anforderungsbereich III: Reflexion und Problemlösung

Operator	Bedeutung
Evaluate …	Anhand klar definierter Maßstäbe und Kriterien eine Entscheidung oder Vorgehensweise objektiv auf ihre Eignung hin untersuchen
Discuss …	Zu einer Ausgangsthese mindestens zwei verschiedene Standpunkte sowie deren Argumentation aufführen und gegeneinander abwägen; mit einem begründeten eigenen Urteil abschließen
Comment on …	Die eigene Meinung zu einem Thema strukturiert darstellen und mit geeigneten Beispielen und Argumenten begründen
Assess …	Abwägen aller Vor- und Nachteile einer Sache, um zu einer objektiven Schlussbewertung zu gelangen; z. B. den Stellenwert einer Sache bemessen

Anforderungsbereich III (Fortsetzung)

Operator	Bedeutung
Justify ...	Den Handlungszusammenhang einer Entscheidung erläutern, anschließend Gründe zu seiner Rechtfertigung nennen und vertiefen; manchmal ist die subjektive Begründung aus der Sicht einer Person verlangt
Compare ...	Unterschiede und Gemeinsamkeiten nach festen Sachkriterien bestimmen; hier genügt es nicht, zwei Objekte oder Phänomene verbindungslos gegenüberzustellen
Contrast ...	Hauptunterschiede darlegen und begründen; häufig sind diese nicht die in den Texten explizit genannten Unterschiede, sondern solche, die durch Einbeziehung von Vorkenntnissen auffallen
Imagine .../ Invent ...	Aufgabenstellungen des *creative writing:* in eine neue Situation oder in eine fremde Rolle schlüpfen; gefordert sind Vorstellungskraft und die Fähigkeit, Imaginäres in Sprache zu fassen
Write ...	Aufgabenstellung des *creative writing:* Erstellung der geforderten Textsorte, z. B. *interview, newspaper article, letter to the editor*

3 Thematische Prüfungsaufgaben

Im folgenden Kapitel sind zu den verschiedenen Unterrichtsthemen unterschiedlich schwierige Prüfungsaufgaben (↑S. 193) zusammengestellt. Sie dienen der gezielten Vorbereitung und insbesondere dem Umgang mit fachtypischen Klausurformulierungen, den Operatoren (↑S. 189 ff.).

Seitenverweise geben, sofern möglich, Hinweise zu den Lösungen, die hier nicht dargestellt werden. Vollständige Musterlösungen sind bei den Online-Klausuren zu finden.

3.1 Prüfungsaufgaben zu Sachtexten: Zeitungsartikel

Anforderungsbereich I

- Describe the elements of the layout of the frontpage of the Morning Telegraph, January 27th, 2004. (↑S. 62)
- Outline the events of September 11th, 2001 as they are presented by the article "Assault on America", published in the Financial Times of September 12th, 2001.
- Point out the information provided by the title and the head paragraph of the article: "ASSAULT ON AMERICA – The US military is on a near war footing this morning following terrorist attacks on New York and Washington DC that left thousands dead and plunged the country into crisis. The surprise raids paralysed Federal government, air transport and the financial system."
- Sum up how leading politicians respond to the attacks on New York and Washington on September 11th, 2001.
- During the ongoing election campaign the presidential candidate has stressed the importance of reconsidering American values. Sum up the opinion the journalist expresses in his article on this.

- State what first assumptions are made as to who is responsible for the attacks.
- Point out the effects the attacks had on infrastructure and economy.

Anforderungsbereich II

- Analyse how the article tries to communicate the extent of what happened on September 11th to its readers. Refer to the arrangement of facts, the use of language and of quotations. (↑S. 59–63, 112)
- Explain why this article can be considered a news story. (↑S. 63)
- Examine what forms of comment are used in this article. (↑S. 64)
- Examine the description of the streets in Washington and New York in the middle of the article: "The attacks made lower Manhattan look like a war zone, with bodies littering the streets and a blanket of thick grey dust covering the island's lower tip. (...) one black man in a white suit, in about his mid-50s, walked from the destroyed area in so much shock that he did not bother to brush the pile of soot from atop his head, shoulders and briefcase. (...) The streets of Washington were rapidly gridlocked as government workers and lobbyists took to their cars and headed out of the District of Columbia. A huge plume of grey smoke billowed over the Potomac River towards the nation's capital from the stricken military headquarters." (The Financial Times, September 12th, 2001, p.1)
- Refer to the selection of details presented, the choice of words and the effect the description leaves on the reader. (↑S. 63)
- Compare the choice of a quotation and the order of information in two different contexts: Show how two different contexts in which President Bush is quoted in this article:

"Make no mistake – the Unites States will hunt down and punish those responsible for these cowardly acts" influence the function and the meaning of the quotation.

- Analyse President Bush's sentence "Freedom itself was attacked this morning by a faceless coward, and freedom will be defended." Refer to the language and the set of values it reflects. (↑S. 50f., 164)

Anforderungsbereich III

- Evaluate the author's view on the impact of the terrorist attack. (↑S. 113)
- Comment on the fact that the Arab leaders' opinions are placed at the end of the article. (↑S. 118)
- Assess the consequences the terrorist attacks of Nine-Eleven have had on US involvement in world politics. (↑S. 164)
- Imagine you lived in the year 2001 and had just read this article. Write a letter to the editor in which you express your first reactions to the news and your feelings for the victims of the attack and their families. (↑S. 124f.)

3.2 Prüfungsaufgaben zu Sachtexten: Werbeanzeige

Anforderungsbereich I

- Outline the predominant elements of the advertisement. (↑S. 65)
- Point out what kind of product or organization the advert advertises for and sum up the contents of its body copy. (↑S. 64f.)
- Point out the sections the advert falls into and describe the perspective from which they are presented.
- Describe the arrangement and the elements of the layout as accurately as possible. (↑S. 65)

Anforderungsbereich II

- Classify the features of the language which are typical of the language of advertising. (↑S. 65)
- Analyse the picture in the advert with respect to its composition, sharpness and point of view.
- Examine the details which arrest the reader's attention. (↑S. 64f.)
- Analyse what ideas the reader is meant to associate by the choice of words and the visual signals. (↑S. 64f.)
- By analysing the language and the visual elements of the advert try to establish what desire or what need the advert appeals to. (↑S. 14, 64f.)
- Examine the predominant word field – cleanness, purity – and visual signals – light colours, light-skinned people – in order to establish the target group this advert wishes to motivate. (↑S. 10)
- Considering both the kind of magazine this advert was published in and the composition of the advert, what conclusions are you able to draw as to consumer habits? (↑S. 64)

Anforderungsbereich III

- Discuss the image of young people that is suggested here.
- Starting on the assumption that advertising is an obvious instrument of manipulation and deception, discuss if it ought to be banned completely. (↑S. 67)
- Assess the influence advertising has on consumer habits of your age group. (↑S. 113)
- Imagine you worked for a publishing house and wanted to increase the sales figures of books for teenage readers. Write a letter to your sales director in which you outline your idea of a complete advertising campaign for reading books. (↑S. 124f.)

3.3 Prüfungsaufgaben zu Sachtexten: Essay

Anforderungsbereich I

- Summarize the content of the comment published in the New York Times dealing with recent racial conflicts in the United States.
- Describe what change of attitude towards agriculture is necessary in order to make it more ecologically friendly.
- Outline the aspect of protecting the eco-system this excerpt from “Earth in the Balance” by Al Gore is about.
- Sum up Al Gore’s ideas on how to save the environment as they are presented in the text. (↑S. 65, 108)
- Point out what obstacles, according to Al Gore, we have to overcome in order to prevent ecological disasters.
- State the aspects which, in Al Gore’s opinion, have long been neglected in economic decisions.

Anforderungsbereich II

- Al Gore aims at convincing economic leaders that long term economic decisions must be based on ecological considerations in order to be successful. Explain what use Al Gore makes of examples and figurative language in order to support and illustrate his line of argument. (↑S. 49f., 65f.)
- Analyse the way Al Gore catches the reader’s attention at the beginning of the text: “The hard truth is that our economic system is partially blind. It ‘sees’ some things and not others. (…) It often completely ignores the value of other things that are harder to buy and sell: fresh water, clean air, the beauty of the mountains, the rich diversity of life in the forest, just to name a few.” (↑S. 65f.)
- Examine the leitmotiv which runs throughout Al Gore’s text: “However, just as our eyes fail to see all but a narrow portion of the light spectrum, our economics fails to see (…) the full value of major parts of our world.” (↑S. 66)

Anforderungsbereich III

- "After China and the US, which country emits the greatest quantity of greenhouse gases per year? It's rural Indonesia – almost entirely from deforestation." (Time, July 23th, 2007, p. 46) Refering to this example, discuss the difficulties of imposing ecological standards on developing countries.
- Comment on the fact that developing countries have to undergo structural adjustment measures before being granted a loan by the International Monetary Fund.
- Discuss the measures suggested by the World Bank and the International Monetary Fund for the improvement of Third World economies. Comment on economic decisions you know which will have disastrous effects, because ecological aspects have been ignored.

3.4 Prüfungsaufgaben zu Sachtexten: Politische Rede

Anforderungsbereich I

- Point out the authors main concern in his speech of 1968. (↑S. 66f.)
- Point out the arguments the author puts forward to support his thesis.
- Describe the relationship between the countries mentioned in this speech.
- Present the elements of the American Dream US Senator Barack Obama alludes to in his speech.
- State the facts which led him to the assumption that by the year 2000 a large proportion of the British population would be immigrants or immigrant-descended.
- Outline the solution the speaker insists on in order to control immigration from Commonwealth countries into Great Britain.

Anforderungsbereich II

- Point out the structure of the arguments in this speech.
- Describe the stylistic devices in this speech and their function.
- Analyse how the speaker tries to convince the audience that action must be taken urgently to reduce the rights of settlement and permanency. Refer to the use of language and argumentative techniques. (↑S. 49f., 66f.)
- Illustrate in what respects the speech can be classified as being both argumentative and persuasive. (↑S. 58)
- Examine how the speaker uses language emotionally in order to appeal to the audience's fears. (↑S. 14, 58)
- Illustrate which elements of the speech can be considered political propaganda. (↑S. 66f.)
- Barack Obama, running for nomination in the Democratic primary elections of 2008, is said to be a gifted political orator. Analyse the rhetorical devices which Barack Obama uses to carry his audience away and decide whether he uses the argumentative or the persuasive text type: "We are the ones we've been waiting for. We are the change that we seek. (…) This time can be different because this campaign for the presidency of the United States of America is different. It's different not because of me. It's different because of you." (↑S. 66f.)

Anforderungsbereich III

- Enoch Powell's speech implies that descendants of workers from the Commonwealth should be refused citizenship or the right to settle. Discuss the consequences this will have on the individual family.
- Assess the dangerous effects Powell's speech was likely to have if quoted out of context. Consider techniques of turning it into an instrument of manipulation.

- Imagine you were an immigrant from the Carribbean who had been working in London since 1965. You were saving to allow your family, a wife and two children (3 and 5), to follow you. What is going on in your mind when you are listening to Powell's speech on the radio? Write down your thoughts and feelings in a letter to your wife. (↑S. 128)

3.5 Prüfungsaufgaben zu fiktionalen Texten: Roman

Anforderungsbereich I

- Describe the two worlds which clash in T. C. Boyle's California-set novel "The Tortilla Curtain", which tackles upon problems such as the American Dream and illegal immigrants. (↑S. 171–173)
- In his novel "Moon Palace", Paul Auster's teenage protagonist narrates his experiences during one of the most important years in his life. He goes out in quest of his father and his identity. Sum up the decisive stages of his quest. (↑S. 106 f.)
- Outline the principles on which society is based in Aldous Huxley's dystopian novel "Brave New World".
- State in what way the main character of the novel "The Buddha of Suburbia" (1990) by Hanif Kureishi tries to cope with his role as the son of an immigrant.
- Point out the relationships that exist in the family the author describes in the first chaper of the novel "The Buddha of Suburbia". (↑S. 121–123)
- Outline typical features of the society and the political system presented in the novel "Fahrenheit 451" by Ray Bradbury.
- Point out the stages of Montag's development in the course of the novel. (↑S. 121)
- Describe the protagonist's feelings for her father. (↑S. 123)

Anforderungsbereich II

- In the novel "The Buddha of Suburbia" (1990) by Hanif Kureishi, events and characters are seen through the eyes of the teenager Karim. Analyse the influence this has on the way the story is told. (↑S. 69f., 115)
- Examine the way the protagonist is characterized in this excerpt from the novel. (↑S. 78, 119–121)
- Explain why the use of language makes it easy for the reader to identify with the first-person narrator. (↑S. 17f.)
- Explain why the use of the limited point of view increases the reader's suspense. Quote some examples which illustrate the effect the subjective point of view has on the reader.
- Analyse how the elements of the exposition introduced at the beginning help the reader to understand the novel as a whole.
- Explain the meaning of the title which Aldous Huxley gave his novel "Brave New World". What elements of satire does the title display? (↑S. 116)
- Analyse the way Clarisse and Mildred, two protagonists of of "Fahrenheit 451", are characterized. What means does the novelist use to outline the contrast between the two women? (↑S. 119–123)
- Compare the role manipulation plays in Orwell's novel "Animal Farm" and in Huxley's "Brave New World".

Anforderungsbereich III

- Discuss what requirements an immigrant ought to meet before being granted citizenship.
- Discuss if it is necessary for immigrants to give up their cultural identity in order to be respected as citizens of the new country.
- Contrast the immigrant woman that is described in this excerpt to women you know from other texts about US immigration.

- Assess the effect a novel like “Fahrenheit 451” is likely to have as a warning to society.
- Evaluate if the author Ray Bradbury has successfully used the technique of extrapolation which is typical of dystopian literature.
- Discuss the advantages and disadvantages of total freedom of speech.
- Imagine you were an immigrant who newly arrived in the society of “Fahrenheit 451”. Write a diary entry on your impressions and experiences of one day. (↑S. 124, 128 f.)

3.6 Prüfungsaufgaben zu fiktionalen Texten: Short Story

Anforderungsbereich I

- Point out the meaning of the term “post-colonial”. (↑S. 150–155)
- Sum up the event this story concentrates on. Why can it be considered a decisive moment in the main character’s life? (↑S. 72–74)
- Describe the setting and the atmosphere of the story
- Outline typical Third World problems which are reflected in this story.

Anforderungsbereich II

- Describe the typical features of the short story in this text. (↑S. 73 f.)
- Categorize the situations the main persons in this story experience.
- Analyse how point of view, structure and style of the story “The Grass-Eaters” by Krishnan Varma help to underline the narrator’s attitude towards poverty in the Third World. (↑S. 69–74)

- Illustrate how the prevailing mood in this story is achieved. Explain how exageration, hyperbole and accumulation are employed to create a humorous effect in this story. (↑S. 50 f.)

Anforderungsbereich III

- Comment on how post-colonial literature reflects the characters' search for identity in some of the short stories you have read. (↑S. 150–155)
- Discuss the following statement by Salman Rushdie: "'Multiculturalism' is the latest token gesture towards Britain's blacks, and it ought to be exposed, like 'integration' and 'racial harmony', for the sham it is." (↑S. 154 f.)
- R. K. Narayan's short story "A Horse and Two Goats" presents the encounter of an American tourist and an old Indian in a remote Indian village. It humorously shows how their attempts at communicating fail, because each of them is caught in his habitual way of thinking. Against the background of this story, contrast the Western and the Indian lifestyle and values. What shortcomings of our society would an Indian criticize?
- Imagine what is going on in Swapna's mind when she daily experiences her husband's passive acceptance of the miserable circumstances under which they live. Write down her thoughts using a first-person point of view. (↑S. 128 f.)

3.7 Prüfungsaufgaben zu fiktionalen Texten: Drama

Anforderungsbereich I

- Present the situation the main characters, the two brothers Lee and Austin, are in during the first scene of Sam Shepard's drama "True West". What different roles do they play in their family and in society? (↑S. 75 f.)

- This dialogue between Willy Loman and his son Biff from Act II of Arthur Miller's drama "Death of a Salesman" is one of the most important scenes of the play. In this dialogue Biff tries to make his father open his eyes to his sons' true characters and abilities. Outline the development of the characters in Willy Loman's family up to this point. (↑S. 78 f.)
- Willy Loman, a travelling salesman, is not at all as successful as he always pretends to be. State his views on success and their position within the concept of the American Dream. (↑S. 170 f.)
- Summarize the true state of affairs Willy Loman has been concealing from himself and from his family. (↑S. 76 f.)
- Outline the stages in which the "battle for positions" between Vic, an old resident, and Paul, the new student, develops in Roy Minton's one-act play "Bovver". (↑S. 78 f.)
- Point out what details of the love relationship between Romeo and Juliet and its unfavourable circumstances the audience gets to know until the end of Act I of Shakespeare's "Romeo and Juliet". (↑S. 76 f.)
- At the beginning of "Romeo and Juliet" Act III, sc. 2 Juliet does not know yet what untoward events thwarting their love have taken place in the meantime. Describe what stage of complication the action has reached when Juliet starts her monologue full of yearning for Romeo (Act III, sc. 2)
- Outline Macbeth's state of mind after having been successful in battle and after having listened to the three witches' prophecy in Act I, sc. 3 of William Shakespeare's "Macbeth". (↑S. 54, 77)

Anforderungsbereich II

- Analyse the description of the scenery in the stage directions of Arthur Miller's "Death of a Salesman". Describe the way he creates an atmosphere of disillusionment. (↑S. 76 f.)
- Analyse Biff's and his father's ways of talking to one another

at this crucial moment of their relationship. Explain why Biff's attempt at communicating the truth to his father fails in this scene from Act II of Arthur Miller's drama "Death of a Salesman".

- Characterize the function Act II, sc. 9 has as an element of the dramatic structure in Sam Shepard's "True West". How does it prepare for the end of the play? (↑S. 76 f.)
- Analyse the dramatic development of the scene from Roy Minton's play "Bovver", which is about the causes of human aggression. Where does the interaction between Vic, Terry and Paul, who is provoked and intimidated by them, reach a climax? How is the point of Paul's self-realization presented? (↑S. 76–78)
- Explain what means of characterizing Rita, a hairdresser who has decided to become an independent woman and to be educated at Open University, are used in Willy Russell's comedy "Educating Rita ". (↑S. 78)
- Compare Frank's and Rita's language and ways of speaking in Act I of "Educating Rita". In what way are they conclusive as to the two main characters' social backgrounds?
- Although of considerable length, Juliet's monologue (Act III, sc. 2) does not fail to arrest the audience's interest. Analyse how this effect is brought about by its language and its line of thought. (↑S. 75 f.)
- "A heavy summons lies like lead upon me, and yet I would not sleep: merciful powers! Restrain in me the cursed thoughts that nature gives way to in repose!" (Banquo, Act II, sc. 1 of Shakespeare's "Macbeth") Use the example to explain the use Shakespeare makes of foreshadowing instances of evil in his drama. (↑S. 75, 80)

Anforderungsbereich III

- "Educating Rita" by Willy Russell presents a woman who hopes to gain social independence by becoming educated.

Discuss whether you would agree with Rita that being skilled and having a broad knowledge helps a person to be free.

- Roy Minton's "Bovver" is an open-ended play about Paul, a student who experiences a shocking moment of self-realization. He has always been acting on peaceful principles. Vic and Terry, two skinheads, provoke and frustrate him until he involuntarily breaks out into violence. Comment on what might happen to Paul after this experience. Consider the question whether learning more about himself is likely to change his attitudes towards people who are different. (↑S. 75–79)
- In order to cope with his frustration after the conversation with his father failed, Biff, one of the two sons in Arthur Miller's "Death of a Salesman", decides to write a letter to his father. He hopes his father will finally accept the truth if confronted with it in a letter. Try to imagine what Biff will write. (↑S. 78)
- Use the following quotation as a starting point to comment on how Sam Shepard investigates into the myth of the American West and what made it arise "So they take off after each other straight into an endless black prairie. The sun is just comin' down and they can feel the night on their backs. (…) and they keep ridin' like that straight into the night." (end of Act I, Sam Shepard, "True West") (↑S. 168 f.)
- Discuss: How far are Romeo and Juliet, who are introduced as "a pair of star-crossed lovers" (Prologue to Act I), themselves responsible for their fate? Also consider how Shakespeare's contemporaries would have answered this question. (↑S. 76, 86)
- Both in Shakespeare's "Romeo and Juliet" and in "Macbeth" the relationship of the chief characters ends in disaster. Contrast the tragic endings of the two plays. (↑S. 76)

3.8 Prüfungsaufgaben zu fiktionalen Texten: Lyrik

Anforderungsbereich I

- Outline the situation underlying Shakespeare's Sonnet No. 18 ("Shall I compare thee") and the topic it deals with.
- Point out the speaker's guiding idea and the arguments he puts forward to support it. Name the fields of life he refers to in his arguments.

Anforderungsbereich II

- Outline the situation the speaker is in, the speaker's mood and the atmosphere of the poem.
- Analyse the speaker's line of argument in the context of Renaissance poetry; illustrate that it is in agreement with the poem's stanzaic pattern. (↑S. 80–84)
- Explain what rhetorical devices and illustrations the speaker uses to support his line of argument. (↑S. 80–84)
- Examine the lyrical elements which structure the poem "To the Virgins, to Make Much of Time" by Robert Herrick. (↑S. 80–84, 112)
- Analyse the implicit meaning of the line "A terrible beauty is born" in the poem "Easter 1916" and how it is illustrated by the poem's line of thought. (↑S. 80–84)
- Explain how the outward structure of the poem corresponds to its sense units. (↑S. 81, 84)
- Compare how the first and the second part of the poem differ in structure and function. (↑S. 80–84)

Anforderungsbereich III

- Discuss whether the final statement of the poem "Shall I compare thee" by Shakespeare "So long as men can breathe or eyes can see, So long lives this, and this gives life to thee." is still valid for art and literature in our time.

- Comment on the statement that a well-functioning marriage is one which endlessly reinvents itself.
- Evaluate Shakespeare's Sonnet No. 18 as a poem typical of the Elizabethan Renaissance. (↑S. 86f.)

3.9 Prüfungsaufgaben zur Filmanalyse

Anforderungsbereich I

- Sum up the action presented in the film sequence. (↑S. 91–97)
- Describe the stages in which the protagonist gradually loses control. What triggers off his final breakdown? (↑S. 96f.)
- Describe the group of people Truman in the film "The Truman Story" is surrounded by. (↑S. 96f.)

Anforderungsbereich II

- Analyse what filming devices are used to underline Jesminder's and Pinky's differing ideas of happiness in the film "Bend it like Beckham" (2002). (↑S. 92–97)
- Interpret what symbolic meaning the director wants to suggest by connecting two parallel scenes by a match cut.
- Analyse what camera angles have been chosen to show the characters' differing reactions to the news. (↑S. 92–94)
- Compare the protagonist's facial expressions at the beginning and at the end of the sequence. What do they reveal about the change he has undergone?
- Analyse the protagonist's gestures. What do they reveal? (↑S. 94–97)
- Explain what the sound track contributes to the expectations the audience has at that moment. (↑S. 94–97)
- Analyse what cinematic devices, visual and aural, are employed to create the atmosphere of the film. (↑S. 94f.)

Anforderungsbereich III

- Contrast the ways girls are presented in the film "Bend It Like Beckham" to girls you know from real life.
- You are the director of a film about US war veterans. Justify the presentation of cruelty and violence in your film.
- Assess the importance of film rating in order to shield children and teenagers from exposure to violence and obscenity.
- Discuss the influence the idealized world of films has on teenagers, especially girls, seeking their identity.
- Discuss whether the film adaptation of Shakespeare's drama "Macbeth" fully complies with the meaning of the original text. (↑S. 87)

3.10 Prüfungsaufgaben zu Cartoons

Anforderungsbereich I

- Outline in a few sentences where the cartoon comes from and what current event it refers to. (↑S. 98 f.)
- Point out the topic illustrated by this cartoon. (↑S. 98 f.)
- Sum up the scene that is presented by the cartoon. (↑S. 98 f.)
- Divide the cartoon into sections and point out the meaning of each section. (↑S. 98 f.)
- Describe the characters and objects which are part of the cartoon, their size and their exact positions. Pay special attention to the outward appearance of the figures.
- Outline the information the text included in the cartoon gives. (↑S. 98 f.)

Anforderungsbereich II

- Analyse how hyperbole and generalization are used in order to express the message of the cartoon. (↑S. 99)
- Interpret the meaning of the symbols used in the cartoon. (↑S. 99)

- Explain what human attitudes are personified by the characters and how they are exposed to criticism. (↑S. 99)
- Illustrate humorous elements of the cartoon. (↑S. 99)
- Examine the arrangement of figures and objects. Of what significance is their size? (↑S. 99)
- Explain the point of view from which the issue is presented.
- Analyse the cartoon against the political background it refers to. (↑S. 99)
- Analyse the techniques used to caricature the topic. (↑S. 99)

Anforderungsbereich III

- Contrast the situation presented in the cartoon to that in the news story. Find similarities and differences. (↑S. 99)
- Comment on the one-sidedness of the cartoon. (↑S. 99)
- Discuss whether this cartoon is likely to offend religious minorities.
- Discuss whether cartoons which offend the public ought to be banned.
- Contrast the effectiveness of this cartoon to the kind of criticism expressed by the news comment.
- Imagine you are one of the characters in the cartoon. Write a dialogue in which you interview the other character. You want to find out why he has ended up in the situation illustrated and make suggestions of how to solve his problems. (↑S. 124f.)
- Imagine you had to turn the situation presented in the cartoon into a film scene. Write a filmscript. Find a dialogue which matches the scene and give detailed instructions as to the setting, the actors' movements and way of speaking. (↑S. 129)
- The politician caricatured in this cartoon interviews the cartoonist about his opinion and intentions. Write this interview.

3.11 Prüfungsaufgaben zur Landeskunde

Anforderungsbereich I

- Outline how Bush defines and justifies America's role in world politics in his Inaugural Address of January 20th, 2005.
- Describe the system of values Bush refers to in his speech.
- Name the aspects of Indian society which, according to the text, still show the immense impact British colonialism made on it. (↑S. 150–152)
- After reading William Butler Yeats's poem "Easter 1916", sum up the poet's reflections on the Irish Easter Rising of 1916 and outline his perspective.
- The article "Weighing the Pound" (Time, January 14th, 2002, p. 18) deals with the status of British economy within the European Union. Point out what fears of British citizens it mentions about joining the euro, the currency of the European Union.
- Sum up what reasons mentioned in this article about the presidential elections make the US electoral system seem antiquated and in need of reform. (↑S. 162)
- Sum up the basic principles of the US welfare system and the reforms suggested to encourage the poor to lead productive lives, as they are discussed in the article "The American Way of Work". (↑S. 170 f.)
- The author of the article "Make or Break" (Time, May 10th, 1999, p. 28 ff.) investigates into the historical change that ended in the devolution of Scotland, Wales and Northern Ireland. Describe the reasons he puts forward for this development. (↑S. 147)
- Rosa Parks, whose act of civil disobedience triggered off the Montgomery Bus Boycott in 1956, is portrayed in this newspaper feature. Sum up the facts that are mentioned about her commitment to the American Civil Rights Movement. (↑S. 167, 170 f.)

Anforderungsbereich II

- Explain how Bush argues in his speech to get his political message across.
- Examine what means of the language Bush employs in order to establish a relationship of conformity with his audience.
- Examine the proportions of factual and non-factual elements used in this speech and the resulting effect on the audience. (↑S. 63f.)
- Illustrate what devices are used to underline the complexity of Irish attitudes and behaviour. (↑S. 50f., 83f.)
- In the article "Make or Break" (Time, May 10th, 1999, p. 28ff.) about the devolution of Scotland, Wales and Northern Ireland, the author makes abundant use of figurative language in order to underline his idea of the process.
  "The map of Britain as the world knows it may not be torn up instantly. In fact, it may never be torn up at all. Scottish and Welsh enthusiasm for their own assemblics does not necessarily indicate a unanimous desire for a clean break from England. (…) All suggest a country on the verge, one that is both whole but breaking into pieces."
  Analyse the imagery he uses and the idea he wants the reader to have of the situation.
- "The Irish Question: Ireland has become the economic darling of Europe, but how long can the Celtic Tiger keep its roar?" (Time, September 25th, 2006, p. 37) Categorize facts and comments in this newspaper heading. What does the language signalize about the type of article the reader is to expect?

Anforderungsbereich III

- Assess the impact globalization may have on cultural identity all over the world. Base your argumentation on examples you know. (↑S. 174f.)

- Discuss globalization as a chance of world-wide understanding and peace-keeping. (↑S. 174f.)
- Comment on the role of the United Nations in international politics and their peace-keeping efforts.
- Discuss Bush's view on "America's vital interests" and the importance of fundamental human values in international politics in the context of globalization.
- Imagine the following situation: A German exchange student who does not approve of Bush's foreign policy is given the opportunity to interview the US Ambassador to the United Nations in New York. Write this interview. (↑S. 124)
- Discuss the causes for Ireland's economic miracle at the end of the 20th century. (↑S. 156–159)
- Assess the role of the European Union in the peace process in Northern Ireland. (↑S. 156–159)
- Contrast Northern Ireland's political and economic situation of the 1960s to that at the beginning of the 21st century. (↑S. 156–159)
- Imagine you are a Northern Irish Catholic learning the news that the Good Friday Agreement of 1998 has been ratified. Write a letter to an Irish friend who has emigrated to the USA, starting with the sentence "The war is over." Mention all your thoughts, hopes and expectations of the future at that moment. (↑S. 156–159)
- Discuss whether you consider the cooperation among Commonwealth countries as a chance to counterbalance to the risks of globalization: growing poverty, growing debt burdens and uncertain export gains. (↑S. 174f.)
- Great Britain is a member of the European Union, but there still are the Channel and the "pound" which divide Britain from the Continent. Discuss the advantages and disadvantages joining the euro may have for British consumers. (↑S. 148f.)

Infinitiv	*simple past*	*present perfect*	deutsche Bedeutung
to arise	arose	arisen	entstehen, auftreten
to awake	awoke	awoken	erwachen, gewahr werden
to be (am/ is/are)	was (Sg.)/ were (Pl.)	been	sein
to bear	bore	born	ertragen
to beat	beat	beaten	schlagen
to become	became	become	werden
to begin	began	begun	beginnen
to bend	bent	bent	beugen
to bind	bound	bound	binden
to bite	bit	bitten	beißen
to bleed	bled	bled	bluten
to break	broke	broken	brechen, kaputtmachen
to build	built	built	bauen
to burst	burst	burst	platzen
to buy	bought	bought	kaufen
can	could	been able to	können
to catch	caught	caught	fangen
to choose	chose	chosen	auswählen
to cling	clung	clung	sich klammern
to come	came	come	kommen
to cost	cost	cost	kosten
to creep	crept	crept	kriechen, schleichen
to cut	cut	cut	schneiden
to dig	dug	dug	graben
to drive	drove	driven	fahren, antreiben
to do (he/ she/it does)	did	done	machen, tun

Infinitiv	*simple past*	*present perfect*	**deutsche Bedeutung**
to drink	drank	drunk	trinken
to eat	ate	eaten	essen
to fall	fell	fallen	fallen
to feed	fed	fed	füttern, ernähren
to feel	felt	felt	fühlen
to find	found	found	finden
to fight	fought	fought	kämpfen
to flee	fled	fled	fliehen, flüchten
to fly	flew	flown	fliegen
to forbid	forbade	forbidden	verbieten
to forget	forgot	forgotten	vergessen
to forgive	forgave	forgiven	vergeben
to freeze	froze	frozen	frieren
to get	got	got	bekommen
to give	gave	given	geben
to go (he/ she/it goes)	went	gone	gehen
to grow	grew	grown	wachsen, anbauen
to hang	hung	hung	hängen
to have	had	had	haben
to hear	heard	heard	hören
to hide	hid	hidden	verstecken
to hit	hit	hit	schlagen, treffen
to hold	held	held	halten
to hurt	hurt	hurt	verletzen, wehtun
to keep	kept	kept	halten, behalten
to know	knew	known	wissen, kennen
to lay	laid	laid	hinlegen
to lead	led	led	führen, anführen
to leave	left	left	verlassen
to lend	lent	lent	verleihen

Infinitiv	*simple past*	*present perfect*	**deutsche Bedeutung**
to lie	lay	lain	liegen
to lose	lost	lost	verlieren
to make	made	made	machen, tun
to mean	meant	meant	bedeuten
to meet	met	met	treffen, begegnen
to mislead	misled	misled	irreführen, täuschen
to mistake	mistook	mistaken	falsch verstehen; verwechseln
to outdo	outdid	outdone	übertreffen
to overcome	overcame	overcome	bewältigen
to overhear	overheard	overheard	mithören
to pay	paid	paid	bezahlen
to put	put	put	stellen, legen
to rebuild	rebuilt	rebuilt	wieder errichten
to rise	rose	risen	an-, aufsteigen, aufstehen
to run	ran	run	laufen
to say	said	said	sagen
to see	saw	seen	sehen
to sell	sold	sold	verkaufen
to send	sent	sent	schicken, senden
to shake	shook	shaken	zittern, erschüttern
to shine	shone	shone	leuchten, glänzen
to show	showed	shown	zeigen
to shrink	shrank	shrunk	schrumpfen
to shut	shut	shut	schließen
to sing	sang	sung	singen
to sink	sank	sunk	sinken, untergehen
to sit	sat	sat	sitzen
to sleep	slept	slept	schlafen
to speak	spoke	spoken	sprechen

Infinitiv	*simple past*	*present perfect*	deutsche Bedeutung
to spend	spent	spent	ausgeben; aufwenden
to split	split	split	sich teilen, spalten
to spread	spread	spread	verteilen
to stand	stood	stood	stehen
to steal	stole	stolen	stehlen
to stick	stuck	stuck	(fest)stecken, kleben
to strike	struck	struck	schlagen, treffen
to strive	strove	striven	sich bemühen
to swear	swore	sworn	schwören; fluchen
to sweep	swept	swept	fegen
to swim	swam	swum	schwimmen
to take	took	taken	nehmen
to teach	taught	taught	unterrichten, lehren
to tell	told	told	erzählen
to think	thought	thought	denken
to throw	threw	thrown	werfen
to under-stand	under-stood	understood	verstehen
to undo	undid	undone	aufmachen; ungeschehen machen
to upset	upset	upset	erschüttern, mitnehmen
to wake	woke	woken	wecken, aufwachen
to weave	wove	woven	weben; einflechten
to weep	wept	wept	weinen
to win	won	won	gewinnen
to withdraw	withdrew	withdrawn	(sich) zurückziehen
to withhold	withheld	withheld	verweigern; verschweigen
to write	wrote	written	schreiben

Bibliografische Information der Deutschen Nationalbibliothek
Die Deutsche Nationalbibliothek verzeichnet diese Publikation in der Deutschen Nationalbibliografie; detaillierte bibliografische Daten sind im Internet über http://dnb.d-nb.de abrufbar.

3., aktualisierte Auflage

Bibliographisches Institut GmbH, Mecklenburgische Straße 53, 14197 Berlin

Redaktionelle Leitung Heike Krüger-Beer
Redaktion Linda Strehl, Nicole Stegelmeyer
Autoren Ulrich Bauer, Elisabeth Schmitz-Wensch
Herstellung Annette Scheerer
Typografisches Konzept Horst Bachmann
Umschlaggestaltung Michael Acker
Bildrechte Umschlag innen Cinetext, Bild & Textarchiv, Frankfurt am Main: Michael Ondaatje; © Giuseppe Aliprandi – Kiepenheuer & Witsch, Köln: Foer; picture-alliance/akg-images, Frankfurt am Main: Hemingway, Independence of India, Mayflower, Unabhängigkeitserklärung; picture-alliance/dpa, Frankfurt am Main: Apartheid, Magna Charta, Martin L. King, Nine Eleven, Northern Ireland, Shakespeare; picture-alliance/kpa photo archive, Frankfurt am Main: Dickens; picture-alliance/MaxPPP, Frankfurt am Main: Joyce

Satz BUCHprojekt, Ernen (Schweiz)
Druck und Bindung CPI books GmbH, Birkstraße. 10, 25917 Leck
Printed in Germany

ISBN 978-3-411-70933-5
Auch als E-Book erhältlich unter: ISBN 978-3-411-90701-4
www.duden.de